일본의 부자들

부자들도 옆집부자가 궁금하다!

일본의 부자들

다치바나키 도시아키, 모리 타케시 지음 / 홍찬선 옮김

부자들도 옆집부자가 궁금하다!

사회평론

일본의 부자들

2007년 9월 20일 초판 1쇄 찍음
2007년 10월 10일 초판 1쇄 펴냄

지은이 | 다치바나키 도시아키, 모리 타케시
옮긴이 | 홍찬선
펴낸이 | 윤철호
펴낸곳 | (주)사회평론

편   집 | 김찬희, 권현준, 김보은
마케팅 | 윤병우, 정은숙
표지 디자인 | 가필드
본문 디자인 | 디자인 클립

등록번호 | 제10-876호(1993년 10월 6일)
전화 | 326-1182(영업) 326-1185(편집)
팩스 | 326-1626
주소 | 서울시 마포구 동교동 205-8
e-mail | editor@sapyoung.com
http://www.sapyoung.com

ISBN 978-89-5602-615-2   03320

프롤로그

‘부자’란 누구일까? 어떻게 하면 부자가 될 수 있을까? 역시 의사나 변호사가 되어야 할까? 아니면, 프로 야구 선수가 되는 게 더 좋을까? 대기업 사장과 임원은 어떨까? 누구라도 한번쯤은 궁금해했을 문제이다.

이 책은 우리가 잘 알고 있다고 생각하지만, 실상은 그렇지 못한 부자들의 실태에 대해 계통적이고 학문적인 접근을 시도하고 있다. 요즘 부자가 되기 위한 안내서들이 범람하고 있다. 설령 꼭 부자가 되지는 않더라도, 조금이라도 더 높은 수입을 올려 잘 살고 싶은 사람들의 욕구를 반영한 세태일 것이다. 하지만 이 책도 시중에 범람하는 다른 책들처럼 부자가 될 수 있는 노하우를 손쉽게 전하기 위해 씌어졌다고 생각하면 오해다. 이 책의 목적은 부자가 되는 편법을 익히기 전에 부자들의 실태를 폭넓은 관점에서 자세하게 탐구하여 그 본질부터 파악하는 데 있다.

어느 사회에서나 빈부격차는 심각한 문제이다. 그래서인지 가난한 사람들의 실태에 관한 전문적인 보고서는 많이 있다. 하지만 부자들에 관한 체계적인 연구는 거의 드물다. 따라서 이 책에서는

고소득자로서의 부자는 누구이며, 부자가 되기까지 그들의 행동과
의식을 집중적으로 살펴보려 했다. 특히 고소득자의 대표적인 직
업인 의사와 경영자에 대해 집중 분석을 했다. 그 외에도 부자들이
받은 교육과 그들의 직업은 무엇이며, 상속은 어떻게 이루어지는
지에 대해서도 주목했다. 또 이 모든 것들을 종합적으로 분석함으
로써 성공한 사람들의 인생경로와 소비·저축 패턴을 알아보려 했다.
한마디로 말해, 부자들의 실상을 남김없이 파헤치는 데 목적을 두
었다고 할 수 있다.

부자들의 실상을 알기 위해서는 역사적인 관점도 놓칠 수 없는
부분이다. 그래서 지난 130여 년 동안 부유층이 어떻게 변해왔는
지에 대해서도 자세히 논의하고자 했다. 역사를 말하려면 고소득
자만을 분석하는 것으로는 불충분하다. 이른바 계급분리를 전제로
사회계급 구조의 위층에는 어떤 사람이 있으며, 그들에게 어떤 역
할이 주어졌는지를 알아야 한다. 고소득자가 상류계급에 속한다는
것은 틀림없는 사실이지만, 소득 이외의 변수, 예를 들어 교육, 직
업, 권력 같은 변수도 상류계급을 정의하는 데 중요하다. 따라서
이런 것들에 대해서도 살펴보기로 했다.

이 책을 쓰기 전에 우선 고소득자를 대상으로 앙케이트 조사를
했다. 그리고 그 앙케이트 조사 결과를 상세히 분석했더니, 고소득
자의 실태가 분명하게 드러났다. 이 자리를 빌어 앙케이트에 응해
주신 분들께 감사를 드린다.

또 앙케이트 조사 과정에서 응답자들로부터 직접 여러 가지 흥
미로운 얘기도 들을 수 있었다. 그런 얘기들도 익명을 전제로 하여

이 책에서 소개하고자 한다. 아마도 부자들의 생생한 실상을 파악하는 데 도움이 될 것이다.

덧붙여 세금에 관해서도 자세히 살펴보았다. 고소득자에게 어느 정도 높은 세금을 부과해야 하는지는 예나 지금이나 논쟁거리가 되고 있다. 이 질문에 대답하기 위해 소득세와 상속세에 관해 상세하게 분석했다. 철학적인 논의와 가벼운 통계자료 해석을 포함하고 있기 때문에 관심이 없는 독자는 건너뛰어도 괜찮을 것이다. 다만 마지막 절인 고소득자에 대한 접근방식은 흥미로운 내용이므로 일독을 권한다.

교토대학교에서 사제관계로 만난 우리는 이 책의 공동저자로서, 출판을 권해 준 일본 경제신문사 출판국의 타카야마 씨에게 감사를 드린다.

이 책에는 우리의 주장과 의견도 많이 제시되고 있다. 그 책임은 모두 저자인 우리에게 있음을 밝혀 둔다.

2005년 3월, 다치바나키 도시아키, 모리 타케시

우리는 모두 부자를 동경한다. 부자가 되어 경제적 제약과 시간 대별로 짜인 출퇴근의 제약에서 자유로워지기를 꿈꾼다.

하지만 정작 누가 부자이고, 어떻게 하면 부자가 되는지에 대해서는 제대로 알지 못한다. 부자가 되면 어떤 생활을 하는지에 대해서도 올바른 정보를 갖고 있지 못하다. 부자에 대한 핵심을 파악하지 못하기 때문에 부자가 되고 싶어 하는 열망은 강하지만, 실제로 부자가 되지 못하고 경제 및 시간의 제약에 갇혀 갑갑한 삶을 살아간다.

이 책은 일본에서 연간 소득(재산이 아니라 소득임)이 1억 엔(약 8억 원)인 부자에 대한 설문조사와 인터뷰를 통해 부자가 누구인지, 어떻게 부자가 됐는지, 부자로서 어떤 생활을 하고 있는지를 입체적으로 보여주고 있다. 국세청에서 발표하는 연간소득 1억 엔 이상 부자는 9000명인데 이중 전년에 명단에 없던 사람을 제외한 6000명에게 설문지를 보내, 8%에 이르는 465명에게서 받은 설문지를 분석했다.

일본에서 처음으로 부자 전체를 대상으로 이루어진 설문조사를 하면서 저자들은 △ 부자들이 바빠 설문지에 응답하지 않고 △ 부자들은 의심이 많아 자신의 사생활을 가르쳐주지 않으며 △ 부자들은 대부분 법 규정을 어길 것이라는 기존의 '상식'이 잘못된 것이라는 것을 보여주었다. 부자들은 그다지 바쁘지 않으며 바쁘더라도 설문지에 응답 정도는 해주고, 부자들은 그다지 의심하지도 않고, 자신과 관련된 것은 거리낌 없이 대답해 준다는 것이다.

또 설문조사 결과 일본의 부자 중에는 기업가(기업의 최고경영자: 33.3%)와 의사(15.4%)가 가장 많았음을 보여주었다. 기업의 경영간부(부사장 이하의 임원)도 11.6%로 비교적 많았다. 하지만 부자일 것으로 생각했던 연예인과 운동선수(2.2%) 및 변호사(0.4%)는 매우 적었다.

이것은 부자가 되기 위해선 △ 매우 기발한 것을 발명하거나 △ 부모에게서 엄청난 재산을 상속받거나 △ 뛰어난 재능을 타고 나야 한다는 상식과 다른 것이다. 30년 동안 근면하게 똑같은 일을 계속하는 것만으로도 부자가 될 수 있으며, 어떤 직업을 선택하느냐와 어떤 신념을 갖느냐가 상속보다 더 중요한 요소라는 것이다.

부자가 되는 인생의 성공 모델도 변화하고 있다는 것을 보여주고 있다. 일본에서는 과거에 '명문대학 입학→대기업에서 출세'라는 모델이 존재했다. 하지만 최근 들어선 대기업에 입사하기보다 스스로 기업을 창업하는 게 더 성공 모델이라는 인식이 확산되고 있다. 40대 상장기업 임원들을 대상으로 '인생을 한 번 더 산다면 상장회사에 또 취직하겠습니까?'라는 설문에 대해 과반수가 아니라고 대답했다. 그보다는 벤처기업을 설립하겠다는 응답이 많았다. 학력과 기업브랜드에서 개인으로 성공모델의 중심이 이동하고 있음을 보여주는 것이다.

미국에서도 마찬가지다. 1982년만 해도 부유층 상위 400명 중 13%에 이르는 53명이 록펠러나 뒤퐁 등 명문가 출신이었다. 반면 2002년에 명문가 출신 부자는 불과 4명에 불과했다. 부자가 되기 위해 과거에 중요했던 출신성분보다 개인의 창의성과 노력이 더 중시되고 있는 것이다.

한국에서도 1980년대 이전까지만 해도 정경유착의 고리가 강해 고위 정치인과 고급 관료 및 재벌들이 부자가 많았다. 자산축적이 제대로 되지 않은 상황에서 돈과 정보에 상대적으로 자유롭게 접근할 수 있었던 사람들에게 부도 몰린 것이다. 하지만 자산축적이 이뤄지면서 최근까지는 부동산을 많이 가진 사람들이 부자가 되었다. 각종 개발사업이 잇따르면서 시중 여유자금이 부동산으로 흘러들어갔고, 부동산 투자를 한 사람과 그렇지 않은 사람들 사이에 부의 격차는 확대됐다.

그러나 2005년부터 주식시장이 강세를 보이면서 패러다임이 변하고 있다. 정부의 강한 억제정책으로 부동산 값이 정체 내지 하락하면서 부의 원천이 부동산에서 주식으로 이동하고 있는 양상이다. 주식투자를 잘하는 PI(Personal Investor, 전업개인투자자)들이 새로운 부자로 부상하고 있다. 또 독특하고 창의적인 아이디어로 회사를 만든 아이디어 창업자들도 새로운 부자대열에 합류하고 있다.

부자는 하루아침에 만들어지지 않는다. 남들이 하지 않는 일을 수십 년 동안 올곧게 하는 극소수 사람만이 부자가 될 수 있다는 것이 역사에서 배우는 교훈이다.

이 책이 비록 일본 부자들에 대한 실태조사이기는 하지만, 우리 나라에서도 시사하는 점이 많다. 1인당 국민소득 2만 달러 시대를 맞이한 뒤 3만 달러 시대를 준비하는 아이디어를 이 책에서 얻을 수 있을 것이다.

한국에서도 부자들에 대한 정보가 더 많이 공개되고 부자들에 대한 연구가 활발하게 이루어져, 올바른 부자상이 만들어지고 부자들이 존경받는 사회가 되었으면 한다. 부자에 대한 논의가 활발히 이루어지고 멋있고 당당한 부자들이 드러날수록 아름다운 부자들이 늘어나고 한국사회도 노블레스 오블리주가 자연스럽게 실천되는 단계로 업그레이드 될 것이다.

2007년 8월 광화문에서
홍찬선

차례

서장

부자는 누구인가

오늘날의 부자

오래 계속되는 불황으로 우리는 구조조정, 부도, 실업 등과 같은 말에 익숙해지고 말았다. 이런 말들은 모두 불경기를 상징하는 단어들이다. 그러나 그런 불황 속에서도 많은 돈을 벌어 거액의 자산을 축적하는 사람들이 있다.

부자는 어떤 사람들일까. 최근에는 소프트뱅크의 손정의 회장과 같은 IT업계 억만장자들이 프로야구팀을 인수한다고 해서 사람들의 주목을 받았다. 또 1980년대 말의 거품경제 때에는 부동산 부자들이 매년 고액 납세자 명단의 상위권을 차지했다. 이 밖에도 유명한 스포츠 선수나 가수 및 탤런트들도 매년 상위 납세자로 밝혀져 화제가 되고 있다.

그렇다면 도대체 정말로 부자라고 할 수 있는 사람들은 누구일까. 우리도 연간소득 1억 엔(약 8억 원) 이상을 올릴 수 있을까.

그것도 매년 계속해서 1억 엔 이상의 소득을 올리는 것이 과연 가능할까.

대부분의 사람들은 이렇게 생각한다.

① 무엇인가 매우 기발하고 새로운 발명이라도 하지 않으면, 부자가 될 수 없다.

② 부모로부터 엄청난 재산을 상속받지 않으면, 부자가 될 수 없다.

③ 무엇인가 뛰어난 재능을 타고나지 않으면, 부자가 될 수 없다.

④ 법률을 어기는 위험한 일이라도 하지 않으면, 부자가 될 수 없다.

이런 의견을 '특별한 사람만이 부자가 될 수 있다는 가설'이라고 부르기로 하자. 물론 최근 IT업계의 억만장자들은 다른 사람들이 생각해 내지 못한 새로운 시스템을 도입했다. 그리고 부동산 부자도 부모로부터 거액의 유산을 받은 사람들이 대부분이다. 또 프로 야구선수를 비롯해 뛰어난 재능을 타고난 사람들이 엄청난 고소득을 올리고 있는 것도 사실이다.

그렇지만 이런 사람들은 전체 부자들 가운데 몇 퍼센트에 지나지 않는다. 제대로 된 부자상을 확립하려면, 전체 부자들을 빠짐없이 조사해 볼 필요가 있다.

현재 일본에는 연간소득이 1억 엔 이상인 부자들이 약 9,000명이 있다(전국 고액 납세자 명단에 따른 것). 그런데 이들 모두를 대상으로 한 연구는 아직까지 없다. 우리가 부자들에 대한 연구를 시작하려고 한 것도 이렇게 아직도 개척이 안 된 분야에 대한 도전이라는 의미가 크다.

어떻게 부자가 되었나

미국에서는 이미 20년 전부터 부자들에 대한 연구가 이뤄지고 있다. 미국에서 부자라고 하면 빌 게이츠(마이크로소프트 사), 마이클 델(델 컴퓨터 사), 스티브 잡스(애플 컴퓨터 사) 등 IT통신 관련 기업가와, 워렌 버핏과 같은 투자자, 도널드 트럼프와 같은 부동산업의 대부 등이 떠오른다.

이런 사람들은 지금도 더 많은 소득을 올려 계속 부를 쌓고 있다. 그런데 미국과 마찬가지로 일본에서도 시대적인 상황에 영향을 받지 않고 거액의 부를 계속 축적시켜 나가는 사람들이 있다. 이제 이 사람들이 '어떻게 해서 풍요롭게 되었나', '풍요로움이 다음 세대로 계승되는 이유는 무엇인가' 등에 대한 연구를 체계적으로 하는 것도 의미 있는 일이라는 생각이 든다.

우리는 고액 납세자들의 행동양식과 사고방식 및 일상생활 등을 명확히 밝히기 위해 앙케이트 조사를 실시하기로 했다. 조사대상은 국세청의 『전국 고액 납세자 명단』(2001년)에 기재되어 있는 연간 납세액 3,000만 엔 이상(연 소득 약 1억 엔 이상)인 사람 전부다. 다만 주식과 토지를 팔거나 상속을 받아 연간소득이 크게 늘었더라도 그런 규모의 소득이 계속되지 않으면 본래 의미의 부자라고 할 수 없을 것이다. 따라서 조사 대상자 9,000명 가운데 전년도 『전국 고액 납세자 명단』(2000년)에 나오지 않는 사람을 배제시켰다. 그 결과 최종적으로 전국에 있는 6,000명의 억만장자에게 앙케이트 설문지가 배포되었다.

조사 항목은 가족 구성, 본인과 가족의 연령과 직업 및 학력, 사고방식, 보유하고 있는 자가용, 여가 활용방식 등에 이르기까지 다양했다. 조사를 시작할 때까지만 해도 이런 조사가 과연 제대로 시행될 수 있을지 크게 걱정했다. 어떤 사람들은 친절하게 "이런 앙케이트 조사는 성공할 리 없다."고 하면서 다음과 같은 이유를 들었다.

첫째, 부자들은 매우 바빠서 앙케이트 설문에 답변해 줄 리가 없다.

둘째, 부자들은 의심이 많아 자신들의 사생활을 가르쳐 줄 리가 없다.

셋째, 부자들은 대부분 법 규정을 어기는 일을 많이 하기 때문에 자신의 일에 대해 자세히 얘기할 수 없다.

이런 조언들도 있고 해서 처음에는 설문지의 회신율이 5퍼센트 미만(300명 미만)일 것이라고 생각했다. 그래서 회신율을 높이기 위한 비책으로 아담한 사례품을 함께 보내면서, "앙케이트에 응답해 주신 분들에게는 조사 결과를 보내드리겠습니다."라고 밝혔다. 부자들도 '옆집 부자들이 어떻게 살고 있는지를 알고 싶을 것'이라고 생각했기 때문이다.

우리는 기도하는 심정으로 앙케이트 설문지를 2003년 8월 15일에 일제히 우편으로 배포했다. 2주 뒤에 설문지를 돌려받기로 지정한 우체국에서 연락이 왔다. "우편물이 넘치고 있으니 빨리 찾아가기 바란다."고.

결국 돌아온 응답지는 500부 정도였다. 그 가운데 유효 응답지는 465부였다. 약 8퍼센트의 회신율이었다. 10퍼센트에는 미치지 못했지만 당초 예상했던 것보다는 훨씬 많은 응답이었다. 또 몇몇 억만장자와는 직접 만나 인터뷰했다. 조사를 끝내고 우리가 느낀 것은 당초의 예측을 무너뜨린 다음 세 가지 사실이었다.

첫째, 부자들은 그다지 바쁘지 않다. 설령 바쁘더라도 설문지에는 응답해 준다.

둘째, 부자들은 그다지 의심이 많지 않다.

셋째, 부자들은 자신과 관계된 것들을 물으면 솔직히 대답하려 한다.

또 연간 1억 엔 이상을 버는 '특별한 사람만이 부자가 된다는 가설'도 극히 일부의 예외를 제외하곤 성립되지 않는다는 것을 알았다. 조사 결과에 따른 부자의 실태를 간단히 정리해보면 다음과 같다.

① 다른 사람들이 생각해 내지 못한 발명이나 발견을 하지 않고서도 30년 동안 같은 일을 열심히 계속하여 부자가 됐다는 사람도 많다. 중요한 것은 계속할 수 있는 힘과 의지이다.

② 부모에게서 많은 재산을 상속받은 부자들이 상당수 있지

만, 그런 사람들의 재산은 상속받지 않은 부자들과 거의 비슷하다. 재산을 상속받지 않은 사람들에게 중요한 것은 어떤 일을 직업으로 선택하는가에 달려 있다.

③ 재능을 타고났기 때문에 재산을 모은 억만장자는 나타나지 않았다. 중요한 것은 자신의 신념이라고 응답한 사람이 많았다.

④ 법 규정을 어기면서 재산을 모았다는 억만장자도 나타나지 않았다. 다만 그런 사람들은 설문조사에 응하지 않았을 것이라 추정한다.

부자의 두 가지 유형

그렇다면 부자들은 실제로 어떤 사람들일까. 매스컴에 소개되고 있는 부자상이 부자의 진정한 참모습은 아닐 것이다. 특히 매스컴에서는 화려한 소비를 즐기는 사치스러운 부자상이 흔히 다뤄지고 있는데, 이것은 과연 진실일까?

이번 앙케이트 조사로 얻은 대표적인 부자상은 다음과 같은 두 가지 유형으로 정리되었다.

 _ 저는 도쿄에 사는 예순여섯 살의 경영자입니다. 가족으로는 세 살 아래인 아내와 두 명의 자식이 있습니다. 회사를 설립한 지 벌써 30년 가까운 세월이 흘렀고, 그동안 아내나 종업원들과 함께 회사를 키우느라 많은 고생을 했습니다. 재산은 지금 약 72억 엔입니다.

첫 번째 유형의 억만장자에는 기업 창업자가 많았고 학력은 다양했다. 대졸이 가장 많았지만, 고졸과 중졸도 상당수 있었다. 또 자산은 평균 72억 엔이지만, 100억 엔 이상인 사람도 10퍼센트 이상이었다.

 _ 저는 어느 지방도시에 사는 쉰여덟 살의 개업 의사입니다. 가족으로는 네 살 아래인 아내와 두 명의 자식이 있습니다. 의과대학 시절 제 성적은 결코 좋지 않았습니다. 사실 개업 의사가 된 것도 대학병원에 근무해도 출세할 가능성이 보이지 않았기 때문입니다. 그렇지만 경제적으로는 성공했다고 생각하고 있습니다. 자산은 약 18억 엔을 갖고 있습니다.

두 번째 유형의 억만장자는 당연히 대졸 이상이지만, 이구동성으로 대학시절에 결코 성적이 우수하지 않았다고 말한다. 또 진료과는 안과, 성형외과, 당뇨병 진료과, 불임 치료과 등 요즈음 부쩍 환자가 늘어나는 분야의 전문의가 많았다. 아버지와 할아버지 때부터 의사였던 사람도 꽤 많았고, 자녀가 의사가 되기를 바라는 사람도 많았다.

이쯤에서 흔히 제기되는 의문이 하나 생긴다. "변호사 중에는 억만장자가 없을까? 미국에서는 의사보다 변호사가 훨씬 더 많이 번다고 하던데……. 또 회계사와 부동산 감정사 중에도 억만장자가 있지 않을까? 연예인과 스포츠 선수 중에도 억만장자가 많을 텐데……."

바로 이런 의문을 풀기 위해 이번처럼 전국 규모의 앙케이트 조사가 필요한 것이다. 그런데 이번 조사 결과 흔히 '전문직 3관왕'으로 고소득 상위에 있다고 생각되는 변호사와 회계사의 경우에 실제 소득은 그렇게 높지 않았다.

〈표 0-1〉 고액 납세자의 식업 분포도 (단위: %)

	기업가	경영간부	의사	변호사	연예인	운동선수	기타	전체
도쿄 이외	33.3	13.9	23.4	0.3	0.3	1.1	27.7	100.0
도쿄	28.9	7.6	1.4	0.6	3.1	0.5	57.9	100.0
전체	31.7	11.6	15.4	0.4	1.3	0.9	38.7	100.0

* 자료: 국세청 『전국 고액 납세자 명단』(2001년 판)에 따라 작성

〈표 0-1〉은 국세청 『전국 고액 납세자 명단』(2001년)에 따라 이번 앙케이트 조사 대상자를 직업별로 구분한 것이다. 직업은 기업가, 경영간부, 의사, 변호사, 연예인, 운동선수, 기타 등 7개로 분류되고 있다.

여기서 기업가는 기업 규모에 관계없이 사업주 또는 기업의 최고경영책임자(CEO)를 가리킨다. 기업의 부사장이나 기타 임원들은 경영간부로 분류되어 기업가와 구분되고 있다. 그리고 이들의 거주지도 도쿄와 도쿄 이외로 나누었다.

〈표 0-1〉에서 알 수 있는 것처럼 고액 납세자의 직업으로 제일 많은 것은 기업가(31.7%)이다. 2위는 의사(15.4%)이고, 변호사(0.4%)는 거의 없다. 또 도쿄 이외의 지방에서는 의사의 비율(23.4%)이 매우 높았다. 또 기타의 비율도 상당히 높은데, 그 이유는 은퇴한 사람을 중심으로 한 고액의 자산 보유자나 대토지 보유자 및 직업으로 구분하기 어려운 사람들이 포함되어 있기 때문이다.

다만 연예인은 전체에서는 1.3퍼센트, 도쿄에서는 3.1퍼센트로 변호사와 운동선수보다 비율이 높았다. 따라서 "역시 연예인은 부자"라는 의견도 있을 것이다. 여기서 연예인 가운데서도 고액 소득을 벌어들이는 가수에 대해서 설명해 보자.

2002년 가수부문 고액 납세자 상위 10명 가운데 상위 4명은 일본 전체의 고액 납세자 상위 100위에 올라 있다. 하지만 2001년 자료를 살펴보면, 종합순위 100위에 아무도 들어 있지 않았다. 결국 연예인이라는 직업은 소득의 변동이 매우 크다는 것을 알 수 있다. 또 연예인은 '재산과 결혼의 관계'라는 문제에 자주 걸려 넘어진다.

우리가 흔히 부자라고 할 때 소득뿐만이 아니라 재산도 고려해야 한다. 1년 동안에 수천만 엔 혹은 수억 엔을 벌어들이는 유명 연예인이 어느 날 이혼으로 경제적 어려움에 빠지는 경우를 자주 보게 된다. 사실 결혼생활의 지속과 재산 사이에는 깊은 관련이 있다. 그런데 가수 부문에서 납세액 상위 10위에 거론된 사람들을 보면 결혼생활이 오랫동안 지속되는 사람은 소수이며, 대부분이 미혼이다. 이들은 이미 많은 재산을 형성하고 있다고 해도 그 재산이 언제 큰 타격을 받을지는 예상할 수 없다. 그런데 이번 조사 결과에서는 앙케이트 설문 응답자 중 90퍼센트 이상이 기혼자였고, 같은 배우자와 30년 이상 부부관계를 유지해 온 사람이 다수였다.

고액 납세자의 2대 직업, 기업경영자와 의사

고액 납세자의 직업별 분포에서 알 수 있는 것처럼 기업경영자와 의사가 고액 납세자의 2대 주요 직업이라고 할 수 있다. 이번 조사 결과를 바탕으로 고액 납세자에 대한 각 지방자치단체별 기업경영자와 의사의 비율을 〈그림 0-1〉로 나타냈다. X축은 각 지방자치단체별 의사의 비율이고, Y축은 기업가와 경영간부를 합한 경영자의 비율을 나타낸 것이다.

〈그림 0-1〉 지방자치단체별 경영자와 의사의 비율

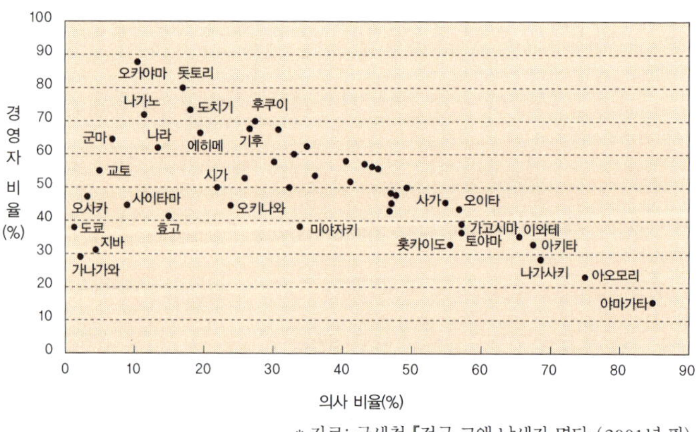

* 자료: 국세청 『전국 고액 납세자 명단』(2001년 판)

이 그래프에서 의사 비율이 높고 경영자 비율이 낮은 곳은 야마가타, 아오모리, 나가사키 지방 등임을 알 수 있다. 결국 지방에서는 부자 가운데 의사가 많다는 것을 알 수 있다. 야마가타 현 등은 고액 납세자 중 80퍼센트 이상이 의사이며, 경영자가 차지하는 비율은 15퍼센트 정도이다.

대도시에서는 의사 비율이 적은데도 불구하고 경영자 비율이 그다지 높지 않은 것은 직업이 분명하지 않은 '기타'에 속한 사람이 많기 때문이다. 그래프에서 알 수 있는 것처럼 지방에서는 부유층의 직업으로 의사가 차지하는 비율이 매우 높다는 사실이 일본의 특징임을 다시 한 번 확인할 수 있다.

부자들의 사생활

그렇다면 부자들의 사생활은 어떨까? 주말에는 고급차로 해안까지 달려가 자가용 유람선을 타면서 시간을 보낼까? 매년 신년 연휴가 되면 인기 연예인이 하와이에서 휴가를 보내는 모습이 매스컴에 보도되고 있다.

우리는 이번 앙케이트 조사에서 부자들이 어떤 자동차를 타고, 어떻게 여가를 보내는지에 대해서도 알아보고자 했다. 그 결과, 부자들은 사생활에 있어서도 다음과 같은 두 가지 유형으로 분류되었다.

유형 1 _ 제가 여가를 보내는 방법은 업무입니다. 업무라고는 하지만 이미 주요 업무는 아들에게 넘겼기 때문에, 회사의 지점 수십여 개를 돌아다니며 직원들이 열심히 일하고 있는가를 살피고, 간 김에 청소도 하고 그럽니다. 전 일터를 깨끗이 해야 한다고 생각합니다.
자동차라면, 전에는 벤츠를 탔습니다. 사고를 당하더라도 벤츠는 튼튼한 차니까 죽지 않을 거라고 생각했기 때문입니다. 그 무엇보다 제 몸이 소중한 것 아니겠습니까? 하지만 지금은 도요타 자동차의 세르시오를 타고 있습니다. 벤츠도 좋지만 때때로 고장이 나기 때문에 도요타로 바꾸었습니다.

첫 번째 유형에 속하는 부자들의 특징을 간단히 정리해 보자. 직업은 오너 기업경영자, 좋아하는 자동차는 도요타의 세르시오나 벤츠, 여가를 보내는 방법은 봉사활동을 하든가 자신이 경영하는 회사의 일을 한다. 근검절약을 강조하며, 30년 이상 같은 사업을 하는 사람이 많다. 어느 자동차 관련 상장기업 창업자는 "건강의 비결은 열심히 일하고 거친 음식으로 식사하는 것"이라고 밝혔다. 외관이나 겉치장을 하지 않고 실리를 중시한다. 이런 유형에는 화려한 자동차를 타는 사람들은 거의 없다.

유형 2 _ 제가 여가를 보내는 방법은 여행입니다. 이즈 반도에 별장과 유람선을 갖고 있기 때문에 가족과 자주 갑니다. 가끔은 해외여행도 떠나지요. 자동차는 재규어입니다. 이전에는 벤츠를 탔지만, 어느 의과학회에 갔을 때 주차장에 볼보, 포르쉐, 폭스바겐 같은 고급 외제차가 나란히 주차되어 있는 것을 봤습니다. 그때 나보다 수입이 훨씬 적은 월급쟁이 의사들이 이런 차를 탄다면, 개업 의사인 나는 재규어쯤은 타야겠다는 생각이 들어 차를 바꾸었습니다.

두 번째 유형에 속하는 부자들의 직업은 대부분 개업 의사이다. 이 사람들 중에는 재규어와 BMW 및 볼보 같은 고급 외제차를 선호하는 사람도 제법 있다. 여가를 보내는 방법이 여행이라고 응답한 사람도 많았고, 별장을 소유하고 있는 사람도 많았다. 결국 부지런하고 검소한 유형 1과는 대조적으로 왕성하게 소비하는 사치파인 것이다. 특히 의사라는 직업이 어느 정도 화려한 겉치장을 필요로 한다는 사실이 큰 이유가 되고 있다. 자세한 것은 1장에서 다룰 예정이다.

그런데 이제 독자들 중에는 오너 기업경영자와 개업 의사만 부자이고, 샐러리맨 경영간부는 부자가 아닌가 하는 의문이 생길 것이다. 대기업의 평사원에서 시작해 치열한 경쟁을 뚫고 출세해 최종적으로 임원이나 사장이 되는 것은 많은 직장인들의 꿈이지 않은가. 대형 은행과 대기업의 임원이라고 하면, 검은색 승용차에 전속비서가 딸리고, 주말에는 골프를 즐길 수 있다. 그렇게 되면 회사 공금도 어느 정도는 이용할 수 있기 때문에 실질적인 부자가 아닌가.

또 의사 중에도 대학병원 교수님이야말로 많은 전공의들을 거느리고, 어느 병원에 누구를 배치할까를 결정하기 때문에 권위를 갖고 있다. 이들에게는 환자와 제약회사로부터의 로비도 상당할 것이다. 한마디로 권력과 부를 함께 누리고 있는 실질적인 부자이지 않을까?

그러나 시대는 변하고 있다. 의사에 관해서는 1장에서, 샐러리맨 경영간부에 대해서는 3장에서 자세히 다루기로 한다. 우선, 이 장에서는 일본의 기업경영자에 대해 간단히 살펴보겠다.

출신 성분은 부자의 필수 조건인가

미국에서는 『포브스』가 1982년부터 매년 자산액이 많은 상위 400명의 부자 명단을 발표하고 있다. 『포브스』에 따르면, 1982년 당시 미국 부유층의 상위 400명 중에는 경제계를 대표하는 명문인 헌트(11명), 록펠러(14명), 뒤퐁(28명) 등 3개 가문 출신이 53명으로 전체의 13퍼센트를 차지했다. 약 20년 전에는 부유층에 속하려면 '출신 성분'이 아주 중요한 조건이었던 것이다. 하지만 2002년의 상위 400명 중에는 3개 가문 출신자는 헌트 1명, 록펠러 3명, 뒤퐁 0명 등으로 불과 4명에 지나지 않았다.

상위 400명을 산업별로 구분해 보면, 1985년에는 제조(26%), 부동산(21%), 미디어(17%), 석유가스(16%), 금융(11%) 등의 분야에 속한 사람들이 대부분이었다. 하지만 2002년에는 미디어(14%), 금융(11%), 첨단기술(9%), 부동산(7%), 제조(7%), 석유가스(7%) 등으로 순위가 바뀌고 업종도 다양화되었다(*Forbes Global*, Sep. 30, 2002).

약 20년 전 미국에서 부유층에 속하기 위한 중요한 조건은 '명문가에서 태어나는 것'이었다. 그러나 현재 이 성공 모델은 크게 변했다고 할 수 있다.

한편 일본에서는 이미 살펴본 것처럼 고액 납세자의 직업 가운데 가장 많은 것은 기업경영자이다. 다만 기업경영자는 크게 두 유형으로 나눌 수 있다. 하나의 유형은 회사를 당대에 창업한 오너 경영자이다. 다른 유형은 샐러리맨으로 시작해 밑에서부터 출세한 '샐러리맨 사장' 이다.

일본에서는 오랫동안 대기업의 임원이 되는 것이 인생의 성공이라고 여겨져 왔다. 결국 '명문 대학 입학 → 대기업에서 출세'가 성공 모델이었다고 할 수 있다.

그러나 최근 들어 이런 성공 모델은 이미 시대에 뒤떨어진 것이 되어가고 있다. 어느 조사에서는 40대에 상장기업의 임원이 된 사람들에게 '만약 인생을 다시 살게 된다면, 똑같은 회사에 취직하겠습니까?' 라는 질문을 던졌다. 그랬더니 과반수가 '아니오' 라고 대답했다고 한다. 더욱이 그 가운데 많은 사람들이 '인생을 다시 살게 된다면 벤처기업을 설립하겠다.' 고 대답했다고 한다. '학력과 기업 브랜드' 보다 '개인' 으로 중점이 이동하고 있다고 할 수 있는 것이다.

1984년과 2001년의 '전국 고액 납세자 명단' 에 게재되어 있는 사람 중에 도쿄에 살면서 납세액이 3,000만 엔 이상인 기업경영자와 간부에 대해 그 기업을 상장기업과 비상장기업으로 나누어 보았다. 결과는 〈표 0-2〉에 나타나 있다.

〈표 0-2〉 상장 · 비상장 기업 비교

	상장	비상장	전체
1984년	28.8%	71.2%	100.0%
2001년	19.2%	80.8%	100.0%

* 자료: 국세청『전국 고액 납세자 명단』(1984년과 2001년 판)
** 이 '명단'은 1983년까지는 소득을 기준으로 작성됐고 1984
년부터 현재까지는 세액을 기준으로 작성되고 있다. 현재 자
료와 비교 가능한 것으로는 1984년 이후의 자료를 사용하는
것이 타당하다.

이 표에 따르면 상장기업의 비율이 약 30퍼센트에서 20퍼센트로 낮아진 반면, 비상장기업의 비율은 약 70퍼센트에서 80퍼센트로 높아졌다. 결국 인생의 성공 모델이 대기업의 임원이 되는 것에서 중소기업의 경영자와 간부가 되는 것으로 변하고 있는 것이다.

기업가 1위는 제조업 경영자

그렇다면 고액 납세자 중 가장 많은 비율을 차지하고 있는 '기업가'는 실제로 어떤 사업을 하고 있을까. 도쿄의 자영업자 · 기업

가·경영간부들이 경영하는 기업의 업종을 1984년과 2001년의 시점에서 종류별로 나누어봤다. 결과는 〈표 0-3〉과 〈표 0-4〉에 정리되어 있다.

〈표 0-3〉 1984년의 상위업종(대분류)

순위	업종	수
1	제조업	254
2	도소매업	76
3	건설업	54

〈표 0-4〉 2001년의 상위업종(대분류)

순위	업종	수
1	제조업	242
2	서비스업	118
3	도소매업	70

* 자료: 국세청 『전국 고액 납세자 명단』(1984년과 2001년 판)

1984년의 분류에서는 1위가 제조업, 2위가 도소매업, 3위가 건설업이었다. 그리고 2001년에는 1위가 제조업, 2위가 서비스업, 3위가 도소매업이었다. 결국 일본의 기업경영과 관련된 고소득자의 사업은 예나 지금이나 제조업이 가장 많은 것이다. 2위 이하의 기업수를 비교해도 제조업은 압도적으로 많다.

제조업 중에서도 IT와 프로그램 개발로 대표되는 정보통신과 화장품 제조, 음식 체인 경영 등이 상위를 차지했다. 또 1990년대 후반에 널리 알려진 업종인 컨설턴트, 소비자 금융, 싱크탱크와 인재파견 관련 사업도 그 비중이 커지고 있다. 이외에 시대를 반영하는 업종으로서 미용과 모발 관련 산업과 영어교육 산업이 있다.

부자들은 어디서 살까

조사의 기초자료가 됐던 『전국 고액 납세자 명단』(2001년)에 기재되어 있는 연간 납세액 3,000만 엔 이상인 사람들(전년도에 기재되어 있지 않은 사람은 제외)의 거주지를 지방자치단체별로 구분해 보았다.

그 결과 도쿄에 사는 사람은 2,200명에 이르고, 도쿄를 제외한 다른 지방에 사는 사람은 3,900명이었다. 이 사실만 보아도, 고소득자가 도쿄에 많이 집중되어 있다는 것을 알 수 있다. 즉, 고소득자의 3분의 1은 도쿄에 살고 있는 것이다.

〈그림 0-2〉 일본 고액 납세자의 지역별 분포

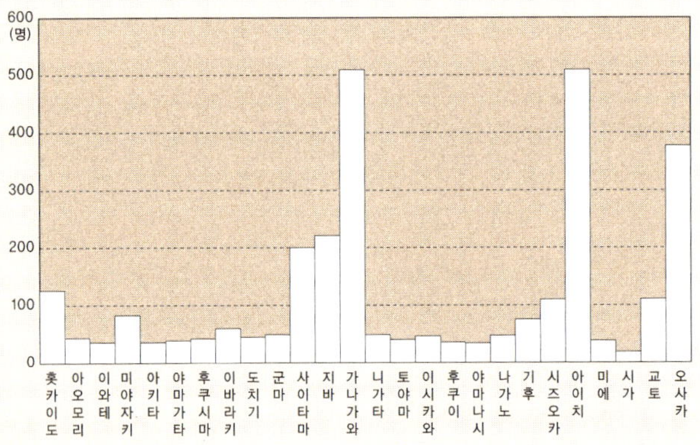

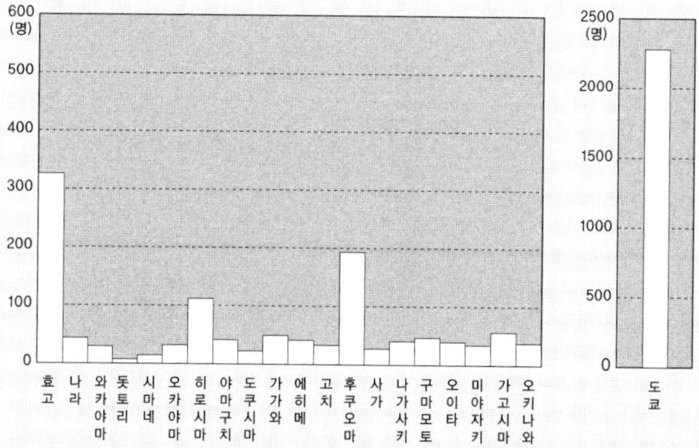

* 자료: 국세청 『전국 고액 납세자 명단』(2001년 판)

1장

의사도 선택이 중요하다

지금 미국의 의사들은

의사라는 직업은 경제적인 풍요로움과 밀접한 관련이 있다. 이번 고액 납세자 조사에서도 고소득자의 직업 가운데 의사가 경영자 다음으로 많았다. 다만 의사 가운데서도 특정 진료과의 개업 의사가 다수를 차지하고 있다. 이때 특정 진료과란 안과, 성형외과, 당뇨병 진료과, 불임 치료과 등을 말한다. 아무래도 이들 진료과를 찾는 환자 수가 많기 때문일 것이다.

우리는 이번 연구에서 의료의 수요와 공급을 살펴보고, '왜 어느 특정 진료과 개업 의사들이 고소득자인가'를 알아내고자 했다. 여기에서 의료의 수요는 환자 수를 가리키고, 의료의 공급은 의사 수를 뜻한다.

그런데 의료의 수요와 공급에 관한 조사 결과를 고찰하기 전에, 미국에서 이루어진 선행 연구를 먼저 소개할까 한다. 앞으로 이 분야에 대한 국내의 연구에 도움이 될 것이기 때문이다.

미국에서는 약 60퍼센트의 의대생이 의대 1학년에서 4학년 사이에 자신의 전공을 바꾼다. 전공 분야에 따라 의사의 평균 소득이 천차만별이기 때문이다. 예를 들어 1997년 시점에서 가장 소득이 높았던 성형외과 전문의들의 연평균 소득이 약 32만 3,000달러였다. 반면에 가장 소득이 낮았던 정신과 전문의들의 연평균 소득은 약 13만 3,000달러였다.

1996년에서 1998년 사이에 미국 의대 졸업생을 대상으로 재학 중 전공 분야를 바꾸게 만든 가장 큰 원인을 조사한 연구가 있다.[1] 그 연구에 따르면 의대 졸업 성적이 좋을수록 앞으로 고소득의 희망이 보이는 진료과로 몰리는 경향이 있다고 한다. 예를 들어, 재학 중 성적이 좋은 학생은 성형외과나 피부과처럼 고소득이 예상되는 진료과를 선택하려고 하는 것이다. 그런데 여성은 남성에 비해 상대적으로 낮은 소득이 예상되는 진료과를 전공하는 경향이 있다고 한다.

또 미국에서는 만약 의사가 실제 소득이 기대했던 소득(기대소득)보다 낮을 경우에는 교육과 연구에 쏟는 시간을 줄이는 대신에 노동시간을 늘리거나 진료과를 바꾸는 경향이 있었다.[2] 결국 미국

에서는 소득이 진료과 선택이나 의사의 노동시간 배분에도 커다
란 영향을 미치고 있는 것이다.

일본 의료의 수요와 공급

이제 일본의 경우를 살펴보도록 하자. 유감스럽게도 일본에서는
미국처럼 의대생의 성적과 전공 분야 선택을 분석한 연구가 거의
없다. 그러나 정부에서 진료과별로 의사 수나 환자 수의 변화에
대해 정리해 놓은 자료는 있다.

　이번 조사에서 어느 성형외과 의사에게 "왜 의료보험이 적용
되지 않는 성형외과를 전공했습니까?"라고 물었더니, 다음과 같
은 솔직한 대답을 얻을 수 있었다.

의료보험은 언젠가는 반드시 펑크가 날 것입니다. 내가 의대를 졸업했
을 때, 전국의 의사 총수는 약 17만 명이었습니다. 하지만 매년 8,000
명씩 늘어나고 있습니다. 개업 의사의 연평균 소득은 3,000만 엔 정도
이지만, 이것을 의료보험이 계속 지원하는 것은 불가능하다고 생각합
니다. 따라서 설령 보험에서 진료보수를 지급받지 못하더라도 존속할

수 있는 성형외과를 선택한 것입니다.

그는 의료보험이 급격히 늘어난 의사들의 소득을 지원하는 것은 불가능하다고 판단한 것이다. 그의 지적대로 전국의 의사 수는 〈그림 1-1〉처럼 계속 늘어나 2000년에 24만 명을 돌파했다. 그런데 정부는 의료보수를 계속 삭감하는 정책을 지향하고 있어 개업 의사의 소득은 계속 줄어드는 상황이다.

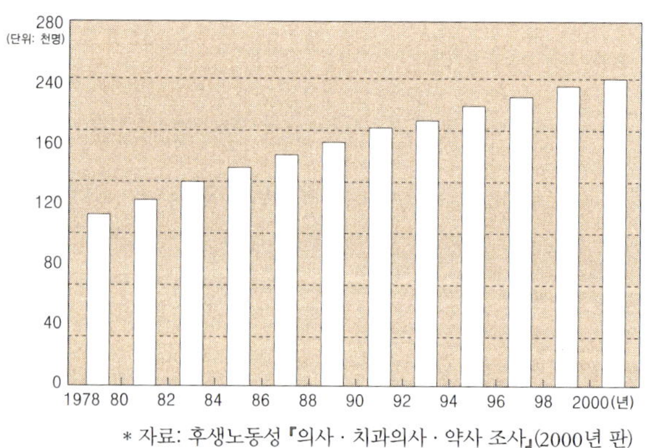

〈그림 1-1〉 일본의 의사 수 변화

* 자료: 후생노동성 『의사 · 치과의사 · 약사 조사』(2000년 판)

그렇다면 개업 의사들은 어떻게 고소득을 보장받을 수 있을까? 답은 역시 수요 측, 즉 환자에게서 얻을 수 있다.

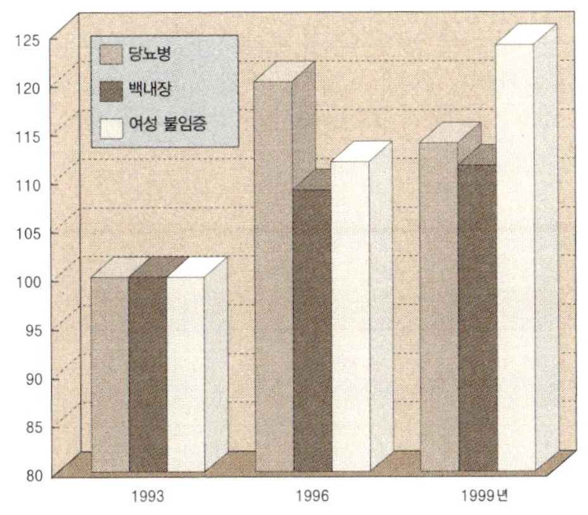

* 자료: 후생노동성 『환자 조사』(1993년, 1996년, 1999년 판)

〈그림 1-2〉는 특정한 치료를 받은 환자 수 변화를 정리한 것이다. 여기서 사용되고 있는 '추계환자' 란 어느 특정한 날에 전국의 병원 및 진료소에서 조사된 환자를 가리킨다.

1993년부터 1999년에 걸쳐 추계환자 총수는 거의 변화가 없음에도 불구하고, '당뇨병', '백내장' '여성 불임증' 같은 특정 진료과의 환자 수는 크게 늘어나고 있다. 1993년을 100으로 했을 때 1996년에 당뇨병 환자는 20퍼센트 정도 증가했고, 백내장과 여성 불임환자는 10퍼센트 정도 증가하고 있다.

게다가 1999년에는 불임증 환자가 20퍼센트 이상 증가했고,

당뇨병과 백내장 환자는 10퍼센트 정도 증가했음을 알 수 있다. 이렇게 수요가 계속 높아지는 특정 분야의 전문의들에게는 손님이 끊이지 않기 때문에, 결국 그들이 고소득자가 되는 것이다.

〈표 1-1〉 각 연령별 추계환자 수 (단위: 천 명)

	당뇨병	백내장	여성 불임증
24세 이하	1.3	0.1	0.5
25~29	1.1	0.0	3.2
30~34	1.9	0.1	5.7
35~39	3.0	0.1	2.4
40~44	4.8	0.3	0.9
44~49	10.6	0.7	0.1
50~54	18.0	2.0	0.1
55~59	25.0	5.4	0
60~64	33.0	11.9	0
65~69	37.5	24.0	0
70~74	35.4	33.8	0
75~79	25.3	27.5	0
80세 이상	29.1	28.0	0
합계	226.0	133.9	12.9

* 자료: 후생노동성 『환자 조사』(1999년 판)

또 〈표 1-1〉을 살펴보면, 어떤 특정 진료 분야의 환자층이 광범위하다는 것을 알 수 있다. 여성 불임증에서는 30~34세까지의 환자가 가장 많고, 당뇨병에서는 40세 후반부터 다양한 연령층의 환자들이 있다.

늘어나는 당뇨병 환자

사실 당뇨병처럼 생활 습관 때문에 생긴 현대병은 광범위하게 확산되고 있는 추세이다.[3] 정부 조사 자료에 따르면, 현재 당뇨병 환자는 성인 10명 당 1명의 비율이다. 당뇨병 예비환자군까지 포함하면 5명 중 1명이다. 1997년 조사에서는 당뇨병 환자 수가 690만 명, 당뇨병 예비환자군까지 포함하면 1,370만 명이었는데, 2002년에는 1,620만 명으로 5년 동안에 많이 늘어났다는 것을 확인할 수 있다(〈표 1-2〉 참조).

1990년대와 비교해 봐도 당뇨병 환자 수는 계속 늘어나고 있다. 연령별로 보면 당뇨병 환자 비율이 10퍼센트 이상이 되는 것은 남성은 50세 이후인데, 여성은 60세 이후이다. 남성이 좀더 빨리 당뇨병에 걸리는 경향이 있음을 알 수 있다(〈표 1-3〉 참조).

〈표 1-2〉 당뇨병이 강하게 의심되는 사람 및 당뇨병 가능성을 부정할 수 없는
사람의 추계

당뇨병이 강하게 의심되는 사람	약 740만 명	(1997년 약 691만 명)
당뇨병의 가능성을 부정할 수 없는 사람	약 880만 명	(1997년 약 680만 명)
합계	약 1,620만 명	(1997년 약 1,370만 명)

* 자료: 후생노동성 『당뇨병 실태 조사』(2002년)

〈표 1-3〉 당뇨병이 강하게 의심되는 사람 및 당뇨병에 걸린 사람의 전체에 대한
비율 (단위: %)

(연령별, 남성 2,150명 대상)

연령	당뇨병이 강하게 의심되는 사람	당뇨병에 걸린 사람
20~29	0 (0.9)	2.1 (0.4)
30~39	0.8 (1.6)	2.7 (4.1)
40~49	4.4 (5.4)	3.4 (6.8)
50~59	14.0 (14.2)	10.7 (10.1)
60~69	17.9 (17.5)	13.4 (10.3)
70~	21.3 (11.3)	16.1 (11.5)

(연령별, 여성 3,196명 대상)

연령	당뇨병이 강하게 의심되는 사람	당뇨병에 걸린 사람
20~29	0.8 (0.9)	0.4 (1.4)
30~39	0.9 (1.6)	4.4 (4.2)
40~49	3.6 (5.3)	8.3 (7.7)
50~59	4.6 (7.1)	10.7 (10.4)
60~69	11.5 (10.6)	16.0 (8.8)
70~	11.6 (15.5)	16.7 (12.4)

* 자료: 후생노동성 『당뇨병 실태 조사』(2002년), (   )는 1997년 조사결과.

당뇨병 환자가 증가하는 원인으로는, 운동 부족과 스트레스 및 폭음과 과식 같은 생활 환경의 변화 때문이다. 이제 직장인들의 건강 개선을 위한 정책과 기업의 노력이 필요한 시대로 진입한 듯하다.

어느 당뇨병 전문의는 이번 앙케이트 조사에서 '여가'에 관한 부분에 다음과 같은 글을 썼다.

여가는 얻지 못하고 있습니다. 명절 때에도 당뇨병 유전자 연구를 하고 있습니다. 매일 새벽 5시 50분 기상 → 클리닉에서 아침 8시 30분부터 오후 6시까지 진료 → 6시 이후 연구 → 밤 9시 40분 취침이라는 빡빡한 일정으로 하루하루를 보내고 있습니다.

이렇게 빡빡한 일정은 개인의 근면성과 능력 때문이기도 하지만, 시대의 요청 때문이라고도 할 수 있지 않을까.

안과와 성형외과를 선택한 고소득 의사들

의사는 사람 목숨과 관련된 중요한 일을 하면서 고소득을 올리는 직업이다. 이번 조사는 2001년의 '전국 고액 납세자 명단'에 따라 행해졌는데, 응답자 중 의사의 대다수가 안과 전문의였다. 어느 안과 의사에게 그 이유를 물어봤더니, 최근에 증가한 '백내장 거품' 때문인 것 같다고 했다. 백내장 거품에 대해서는 뒤의 「부자 이야기 ②」를 참고하기 바란다.

이 안과 의사가 의대를 졸업한 25년 전에는 100명의 졸업생 중 안과를 택한 사람은 한 명뿐이었다고 한다. 그런데 지금은 60명의 졸업생 가운데 10명이 안과를 택한다. 옛날에는 성적이 좋은 사람은 내과나 외과를 전공으로 택했지만, 요즘은 안과를 택한다고 한다. 그는 "돈을 벌기 때문이죠. 물은 높은 데서 낮은 데로 흐르게 마련입니다."라고 했다.

그런데 정말 안과와 성형외과의 의사 수가 많이 증가하고 있을까. 정부의 '의사·치과의사·약사의 실태 조사' 자료를 근거로 의사 수의 변화를 정리한 것이 다음에 나오는 〈그림 1-3〉과 〈그림 1-4〉이다. 〈그림 1-3〉을 통해 진료과별로 보면 가장 많은 것이 내과이고, 두 번째로 많은 것은 외과라는 것을 알 수 있다. 내과는 2000년에 전체의 30퍼센트 정도였고, 외과는 10퍼센트 정도를 차지했다. 다른 진료과는 모두 10퍼센트 미만이었다.

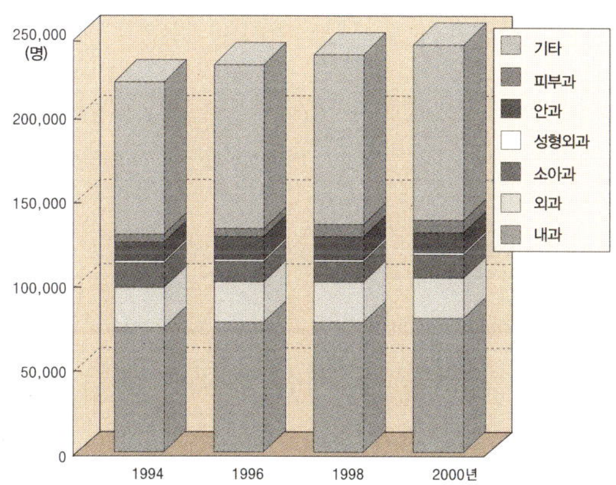

〈그림 1-3〉 의사의 진료과별 분포

* 자료: 후생노동성 『의사 · 치과의사 · 약사 조사』(2000년 판)

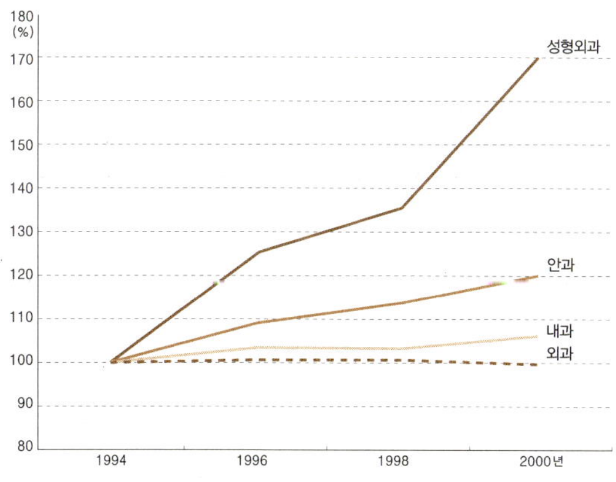

〈그림 1-4〉 진료과별 의사 수 증가율(1994년=100)

* 자료: 후생노동성 『의사 · 치과의사 · 약사 조사』(2000년 판)

또 〈그림 1-4〉는 이번 조사에서 응답자가 많았던 안과 및 성형외과와 주류인 내과 및 외과의 의사 수 변화를 비교한 것이다. 1994년을 100으로 하여 각 진료과의 의사 수 변화를 나타내 보니, 역시 성형외과와 안과의 의사 수가 최근 급증하고 있음을 알 수 있다. 특히 성형외과 의사 수는 눈부시게 증가하고 있음을 알 수 있다.

안과와 성형외과 같은 특정 진료과에서 고소득 의사가 많은 또다른 이유로는 개업이 쉽다는 것을 들 수 있다. 우선 각 진료과별로 개업한 의사 비율을 알아봤다. 그 결과가 〈표 1-4〉이다. 역시 성형외과, 안과, 피부과 의사들은 개업하기 쉽다는 결론이 나온다.

〈표 1-4〉 진료과별 개업 비율

진료과명	개업 의사 (%)	진료과명	개업 의사 (%)
전체	28.5	성형외과	80.2
내과	39.2	안과	45.4
소아과	32.7	피부과	43.9
외과	19.4		

* 자료: 후생노동성 『의사 · 치과의사 · 약사 조사』(2000년 판)

각 진료과에서 개업하는 연령에 차이가 있는가를 보기 위해 개업 의사의 비율을 연령별로 정리해 보았다. 그 결과가 〈그림 1-5〉에 나타나 있다. 이 그림에서 알 수 있는 것처럼 성형외과, 안과, 피부과의 순으로 나이가 젊더라도 개업하는 사람이 많다. 또 전체 의사들 중 50퍼센트 이상이 개업하게 되는 연령은 50~54세인 반면, 안과와 피부과는 40~44세이다. 성형외과는 40~44세에 100퍼센트 개업 의사가 된다. 거꾸로 외과에서는 50퍼센트 이상이 65~69세에 개업한다. 결국 병원에서 물러난 뒤에야 겨우 개업하는 것이다.

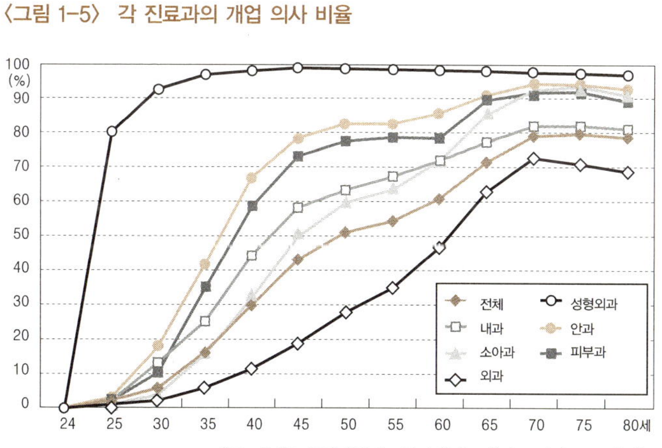

〈그림 1-5〉 각 진료과의 개업 의사 비율

* 자료: 후생노동성 『의사 · 치과의사 · 약사 조사』(2000년 판)

이번 조사에서 당초부터 개업을 생각했다고 대답한 의사(안과,

소아과 등)라도 '의대 졸업 후 약 10년간 병원근무를 한 뒤 개업했다'는 응답이 많았다. 이것은 정부의 조사 자료와도 맞는 결과라고 할 수 있다.

의사의 성공 모델이 바뀌고 있다

옛날에는 의사로서 가장 성공한 사람은 국립병원의 내과 혹은 외과 교수가 된 사람이었다. 그러나 경제적 성공이라는 관점에서 보면 현재 상황이 크게 바뀌었다. 주류 대접을 받았던 내과와 외과 의사 수는 제자리걸음이거나 감소하고 있다. 반면 비주류였던 안과와 성형외과 의사 수가 급격히 증가하고 있으며, 젊었을 때 개업하는 의사들이 성공하는 추세다.

이번 조사에서 인터뷰를 한 기업경영자들도 '성공 모델이 변했다'는 사실을 보여주었다. '명문 대학교에 진학한 뒤 대기업·큰 병원에서 출세한다'는 모델은 이제 과거 유산이 되고 있다. 이제 시대의 흐름은 브랜드나 큰 조직이 아니라 개인이 중요해지는 쪽으로 변하고 있다. 의사의 세계에서도 큰 병원이라는 조직보다는 개인의 능력이 중요해진 것이다.

어느 안과 개업 의사가 보낸 편지

다음은 어느 안과 개업 의사가 지난 10년 동안 있었던 의료계(안과)의 변천과 소득의 변화에 관해 분석한 편지이다.

잃어버린 10년, 엎치락뒤치락한 10년

이른바 억만장자와 고액 납세자 명단이 돌고 있습니다. 이 중에서 의사 편을 보면, 안과 개업 의사가 많은 것은 사실입니다. 그 실상에 대해 제 경험을 돌아보면서 간단하게 설명하고자 합니다.

1992년 11월에 개업했기 때문에 개업한 지 만 10년이 지났습니다. 거품경제가 붕괴됐다고 난리치던 해였습니다. 그 뒤 불황이 계속됐기 때문에 '잃어버린 10년' 이라는 말이 생겨났습니다. 그러면 저에게 개업 후 10년 동안은 어떤 시기였을까요. 되돌아보니 어떤 측면에서는 잃어버린 10년이었고, 다른 측면에서는 엎치락뒤치락한 10년처럼 느껴집니다. 그것의 키워드는 백내장입니다.

1990년부터 백내장 수술에 꼭 필요한 인공수정체가 보험진료로 인정됐습니다. 그때까지 인공수정체는 개인부담으로 별도로 10만 엔 정도가 더 필요했습니다. 보험진료로 인정되면서 이런 부담이 없어졌고, 그 이후로 백내장 수술은 기하급수적으로 증가했습니다.

한 가지 더 중요한 것은 수술 방법의 기술혁신이었습니다. 초음파 수술이 일반화됨으로써 수술 시간이 많이 단축되고 환자의 육체적 부담이 줄어들어 수술이 더욱 확대되었습니다. 하루에 할 수 있는 수술 건수도 증가했습니다. 그때까지 백내장 수술은 수술한 뒤 입원하여 안정을 취하는 것이 상식이었지만, 외래로 통원수술이 가능하게 된 것입니다. 그 결과, 우리 같은 개업 의사들도 수술을 많이 하게 되었습니다.

게다가 인공수정체 자체의 기술혁신, 즉 소프트 렌즈의 등장으로 렌즈를 구부린 채 이식하는 것도 가능하게 되었습니다. 이에 따라 수술할 때 절개하는 부분이 더욱 작게 되어 수술 건수가 더욱 늘어났습니다. 20세기 말에는 백내장 수술을 위한 의료비가 연간 2,000억 엔에 이르렀습니다.

그런데 그것만으로는 합리화할 수 없는 경제적 측면이 있습니다. 다른 외과 수술과 달리 백내장 수술은 숙련된 기술이 있으면 집도의 한 사람이 다른 조수 의사나 간호사가 없이도 시술할 수 있습니다. 결론적으로 수술의 의료보수는 거의 의사 혼자만의 수입이 되는 것입니다.

이에 따라 전국 방방곡곡에 수정체 수술로 돈을 버는 안과 개업이 성행하게 되었습니다. 이른바 인공수정체 거품 시대가 온 것입니다. 그리고 21세기를 맞이하면서 인공수정체 거품은 꺼지게 되었습니다.

연간 의료비 30조 엔 중에 단일 질환이, 게다가 단일 수술기법으로 2,000억 엔을 차지하는 것은 비정상입니다. 이 비정상적인 상황은 어느 국회의원이 백내장 수술을 받고 나서 국회에 문제제기를 하면서 바뀌었습니다. 그 일이 있은 지 불과 6개월 만에 이 수술이 보험진료로 인정되었기 때문입니다. 그 전에 10년이 넘게 안과의사회에서 요청해도 힘들었던 일인데, 정말 정치력이라는 것은 무섭더군요.

그런데 이 일을 계기로 백내장 수술에 연간 2,000억 엔이 지출되면서 의료비의 6퍼센트가 낭비되는 것이 관료들에게는 눈엣가시였습니다. 원래 백내장 수술과 인공수정체 이식 수술 비용은 22만 엔이었는데, 정부가 이것을 12만 엔으로 경감시켜 준 것입니다. 또 전국에 우후죽순처럼 백내장 수술 시설이 증가했기 때문에 한 시설당 수술 건수가 급감했습니다. 그 결과, 최근에 문을 연 안과 수술 병원은 설비투자 부담에 시달리고 있습니다.

한 가지 더 문제가 된 것은 정보화 사회의 특징으로서 브랜드화 물결이 일고 있다는 것입니다. 기왕 수술을 받으려면 유명 병원과 유명 안과에서 하겠다는 경향이 뚜렷해진 것이지요. 때문에 개인이 개업한 안과에서 이루어지는 백내장 수술 건수는 한층 더 감소했습니다.

마지막으로 결정적인 문제가 된 것은 정부가 진찰을 받을 때 환자가 부담하는 일부 부담금을 높인 것입니다. 최근 5년 동안에 의료기관의 창구에서 지불되고 있는 환자의 일부 부담금이 급격히 증가했습니다. 이것은 국고부담을 감소시키기 위한 것이기도 합니다.

결국 개인이 개업한 안과는 아주 어려운 경영상태에 빠지게 되었습니다. 기업의 매출액에 해당되는 보험진료 보수는 줄어들었는데도, 인건비를 비롯한 고정비용은 그대로입니다. 6년 전에는 안과의 이익률이 20퍼센트 정도였지만, 진료보수가 20퍼센트 감소하는 것만으로도 이익은 3분의 1로 격감하게 되었습니다.

사업에 성공해서 돈을 많이 벌려면, 꾸준한 노력과 아이디어, 그리고 행운이 필요하겠지요. 하지만 의료업처럼 정부의 규제와 보호를 받는 업종에서는 상황 변화에 따라 큰 타격을 받기도 합니다. 진료기술과 최신 지식 및 끊임없는 수술기법 향상을 위한 노력들은 최소한으로 필요한 것에 지나지 않습니다.

백내장 수술로 호황을 누리던 5년과 백내장 거품이 꺼진 뒤의 5년. 돈을 끌어 모았던 5년과 잃어버린 5년이었습니다. 앞으로 이 업계는 다시 융성하는 일 없이 조금씩 도태되고 감축될 것입니다.

개업 의사는 경영자의 역할도 해야 한다

개업 의사는 의료 전문가이면서 경영자라는 것을 잊어서는 안 된다. 매월 수입이 1,000만 엔이라 해도, 경비로 700만 엔이 들어간다고 한다. 인건비, 설비비, 원가 상각비가 있고, 건물 임대료도 매우 비싼 편이다.

또 개업하기 위해 빌린 대출금의 상환도 있다. 부모가 개업 의사가 아닌 경우에 개업을 하려면 통상 큰 자금을 마련해야 한다. 부모가 의사, 특히 개업 의사일 경우에 자녀도 의사가 되어 뒤를 잇기를 바라는 큰 이유 중 하나는 이렇게 쉽지 않은 자금 조달 문제를 해결하기 위한 것이기도 하다.

아이들은 부모의 뜻대로 크지 않는다

의사 자녀가 의사가 될 확률은 매우 높다. 이번 조사에서도 의사의 40퍼센트 정도가 자녀도 의사라고 대답했다. 대부분의 의사들은 자녀가 자신이 성공한 직업과 같은 직업을 갖기를 바랄 것이다. 또 자녀들도 부모를 보면서 많은 것을 배울 수 있을 것이다. 어느 의사는 다음과 같은 편지를 보내왔다.

제 장남도 저처럼 소아과 의사입니다. 저는 소아과가 얼마나 좋은지를 어릴 때부터 누누이 가르쳤습니다. 그랬더니 아들이 어느새 소아과 의사가 되었더군요.

그러나 자녀의 모든 것이 부모의 생각대로 되는 것은 아니다. 그 편지는 계속해서 다음과 같이 적고 있다.

그런데 장남은 의대를 졸업한 뒤에 옥스퍼드에 유학을 다녀와서 현재 모 국립대학의 연구 교수로 있습니다. 현재로서는 제 병원을 물려받을 것 같지 않습니다. 장녀가 순환기 전문의이고, 사위가 소아과 전문의니까 병원 유지는 딸 부부에게 맡기는 것이 경제적으로 더욱 확실할 것 같습니다.

2장

변호사로서 부자가 되는 길

변호사라는 직업도 고소득을 보장받지 못한다

변호사를 비롯해 법조계에서 활동하는 사람들은 사회적으로 존경받는 계층이다. 이 책에서는 변호사의 이런 사회적 지위에 관한 고찰은 일단 보류하고, 경제적 관점에서 분석해 보고자 한다. 경제적 관점이란 결국 노동에 대한 대가가 적정한가 하는 문제와 변호사가 되기 위한 비용에 걸맞는 소득을 올리고 있는가 하는 점이다.

이번 고액 납세자 조사에서 변호사 수가 매우 적었다는 사실은 의외였다. 미국에서 변호사는 기업경영자와 경영간부 다음으로 고소득을 올리는 직업이다. 따라서 그 수는 의사를 웃돌고 있다. 그러나 이번 조사 결과를 보면 일본의 고소득자 중 변호사가 차지하는 비율은 고작 0.4퍼센트였다. 일본에서는 변호사라는 직업이 반드시 고소득을 약속하지는 않는 것일까?

<그림 2-1>은 변호사의 신고 수입액에 대하여 일본 변호사연합회가 주최한 '변호사 실태 조사'(2000년) 결과[4]에 따라 작성한 것이다. 연간 신고 수입액은 1,000만~1,500만 엔이 가장 많았고, 1억 엔 이상인 사람은 전체 변호사의 4퍼센트 미만이었다.

<그림 2-1> 변호사 신고 수입액 분포

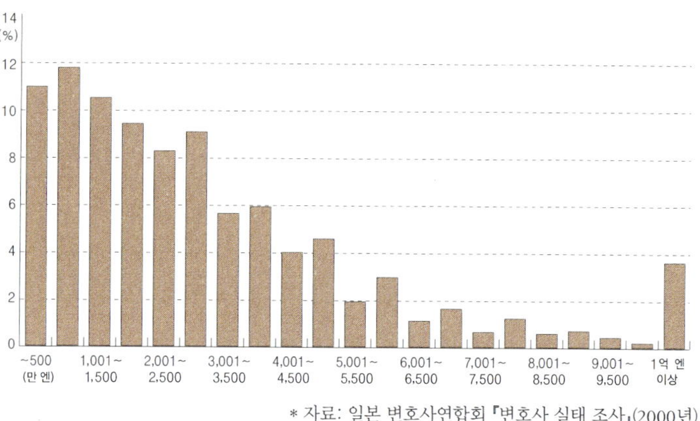

* 자료: 일본 변호사연합회 『변호사 실태 조사』(2000년)

변호사는 활동 경비가 많이 필요한 직업이다. <그림 2-2>에서는 그런 경비를 차감한 실제 소득액의 분포를 보여 주고 있다. 이 분포도를 보면 전체의 60퍼센트에 이르는 변호사의 소득이 1,500만 엔 이하에 집중되어 있다. 특히 500만 엔 미만의 소득밖에 올리지 못하는 변호사가 20퍼센트(5명 중 1명)에 이르고 있다.

결국 변호사의 수입은 일반 샐러리맨보다 '약간 많은' 정도에 불과한 실정이다.

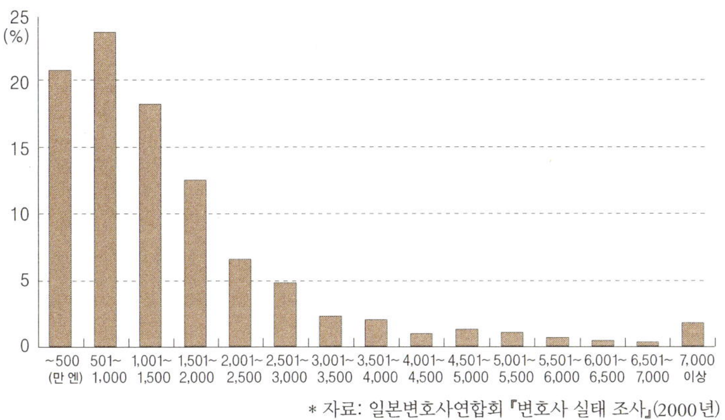

* 자료: 일본변호사연합회 『변호사 실태 조사』(2000년)

〈표 2-1〉에서는 변호사연합회가 실시한 『변호사 실태 조사』(2000년) 결과를 간단하게 정리해 보았다. 이 표에서는 변호사 세계에 관한 몇 가지 특징을 알 수 있다.

첫째, 남성이 대부분이라는 사실이다. 최근 들어 여성 변호사 수가 증가하고 있지만, 전체 변호사의 약 90퍼센트가 남성이다. 또 이번 고액 납세자 조사에서도 응답자 중 여성 변호사는 한 명도 없었다.

남녀 비율	남성	91.6%
평균 연령		52.8세
사무소 소재지	도쿄	40.8%
	오사카, 나고야	18.0%
취급하는 사건 수		평균 42건
신고 평균 수입액		3,163만 엔
실제 소득		1,503만 엔
근로시간/주	51시간 이상	36.0%
	41~50시간	30.2%
	31~40시간	17.0%

* 자료: 일본 변호사연합회 『변호사 실태 조사』(2000년)

둘째, 고소득을 올리는 변호사는 대도시에 집중되어 있다는 점이다. 지방의 소도시에서 활동 중인 한 변호사는 변호사가 대도시에 집중되어 있는 폐해를 다음과 같이 지적했다.

대도시의 변호사 중에는 악덕 변호사가 많습니다. 익명성 때문일 것입니다. 우리 같은 지방 변호사들은 어젯밤에 무엇을 했는지 다음날 아침에 대부분 알려집니다. 하지만 대도시의 변호사는 누가 무엇을 했는지 모릅니다. 따라서 나쁜 일도 종종 합니다. 2,000억 엔의 유산상속에 관련됐던 한 변호사가 일을 엉터리로 처리해 중간에 4억 엔이 사라진 일도 있습니다. 그런데 6개월의 직무정지처분을 받았을 뿐이죠.

셋째, 평균 소득이 1,500만 엔에 불과하다는 점이다. 변호사가 되기 위해 어려운 사법시험을 통과하려고 투자한 시간과 노력에 비하면 결코 높은 소득이라고 할 수는 없을 것이다.

넷째, 변호사의 36퍼센트는 주당 51시간 이상 일한다. "만약 지금 20대로 되돌아간다면 다시 변호사의 길을 선택하겠습니까?"라는 질문에 어떤 변호사는 매일매일 바쁜 일상에 쫓기는 생활이 싫다면서 다음과 같이 말했다.

내 아들은 대학 교수입니다. 전공이 정치학이기 때문에 내 뒤를 잇지는 않겠지만, 나를 보더라도 변호사 따위는 하고 싶지 않을 것입니다. 나도 사실은 공부를 더해 대학에 남고 싶었습니다. 하지만 당시는 먹고 살기 어려운 시절이라 우선 돈을 벌어야 했기에 고향으로 돌아와 변호사가 된 것입니다. 지금 생각해 보면, 대학 교수가 훨씬 낫습니다.

이제 여든 살이 되는 이 변호사는 최근 20년 동안 봄에 벚꽃이 필 때에 꽃구경을 한 번도 가지 못했노라고 한탄했다. 고소득을 올리는 변호사들도 결국은 고된 노동에 걸맞는 돈을 벌고 있을 뿐이다.

가부키 배우와 변호사는 유명해질수록 바쁘다

사법시험에 합격하면 보통 2년 동안 사법연수를 받아야 한다. 이 기간 동안에 자신의 적성을 살펴보면서 판사, 검사, 변호사 중 어떤 직업을 선택할지 결정하게 된다. 그러나 사법연수를 마친 사람의 대다수가 변호사의 길을 걷는 것이 현실이다. '물은 높은 곳에서 낮은 곳으로 흐른다'는 원칙에 따라 생각한다면, 변호사의 소득은 높고, 판사와 검사의 소득은 낮을 것이라고 예상할 수 있다. 이 점에 관해 여러 명의 변호사에게 실상을 물어보았다.

가부키 공연을 좋아하는 어떤 변호사는 가부키 배우나 변호사, 판사는 유명해질수록 바쁘지만, 검사는 거꾸로 출세할수록 편해진다고 지적했다.

내가 사법연수생이었을 때(1960년대) 검사가 되는 게 어떠냐는 권유를 받았습니다. 오후 5시에 퇴근하는 것이 가장 큰 매력이었죠. 가부키 배우나 변호사, 판사는 유명해질수록 바빠집니다. 하지만 검사는 거꾸로 출세할수록 편해집니다. 출세한 검사는 의자에 앉아 결재만 하면 됩니다. 도장만 찍으면 사건은 밑에 있는 사람들이 모두 처리합니다. 그렇지만 젊었을 때는 변호사의 소득이 더 높습니다. 그러나 이것도 예순

살 정도부터는 역전됩니다. 이때 판사의 연봉은 3,000만 엔 정도는 될 것입니다. 하지만 변호사 가운데 3,000만 엔을 버는 사람은 소수입니다.

검사 출신의 어느 변호사는 검사의 문제점으로 '전근'을 거론했다.

검사로 재임하는 동안에 모두 23번 전근을 갔습니다. 아들이 초등학교 다닐 때에는 학교 선생님에게 전학을 자주 하면 교육상 좋지 않다는 말을 듣기도 했습니다.

법조계도 직업에 따라 사정은 다를 것이다. 다만 이번 조사 대상자 중에서 연간 1억 엔 이상의 소득을 올리는 법조인들은 모두 변호사였다.

고소득 변호사의 네 가지 유형

변호사의 경우, 조사 대상자가 충분하지 않았기 때문에 조사 결과를 바탕으로 단순하게 유형화하는 것은 좀 무리였다. 하지만 좀더 체계적인 연구를 위해 고소득 변호사를 다음과 같은 네 가지 유형으로 분류해 보았다.

유형 1: 유명 변호사

나는 지방 도시에 살고 있는 변호사로 지금 여든 살입니다. 가족으로는 동갑내기 아내와 두 명의 자녀가 있습니다. 대학 시절 성적은 아주 좋았습니다. 변호사가 된 것은, 장인이 개업하고 있었기 때문입니다. 사법연수생 시절에 결혼했는데, 장인이 도와주겠다고 해서 변호사가 되었습니다. 처음에는 장인의 변호사 사무소에 나갔지만, 어느 사건을 수임한 뒤부터는 스스로도 사건을 맡을 수 있게 되었습니다. 그래서 독립해 변호사 사무소를 차렸습니다. 그 후로는 아침부터 밤늦게까지 뒤돌아볼 틈도 없이 일해 왔습니다.

첫 번째 유형의 변호사들은 대체로 명문 대학교 법학부 졸업생으로, 어떤 사건을 계기로 유명하게 되어 고객을 끌어모으는 경우가 많다. 이들의 고객 대부분은 대기업과 관청이고, 개인은 거의 상대하지 않는다. 원래 부유한 가정에서 엘리트 교육을 받은 경우가 대부분인 이들은 다른 사람이 맡기 싫어하는 사건을 겁내지 않고 정면으로 처리해 유명해진 경우에 속한다. 어느 변호사는

2차 세계대전이 끝난 직후에, 누구도 기업과 관청 쪽에서 노동쟁의 문제를 다루기 싫어할 때 자청해서 일을 따내 유명해진 경우도 있다.

유형 2: 검사 출신 변호사

나는 지방 도시에 살고 있는 일흔여덟 살 된 변호사입니다. 가족으로는 세 살 아래인 아내와 한 명의 자식이 있습니다. 모 국립대학교 법학부를 졸업했고, 대학 시절 성적은 매우 좋은 편이었습니다. 오랫동안 검사로 근무한 뒤 변호사가 되었습니다. 처음에는 옛날 고등학교와 대학 동창 등의 소개로 기업 문제와 관련된 일을 맡았습니다.

두 번째 유형의 변호사들 중에도 대체로 명문 대학 법학부 졸업생이 많다. 다만 검사 출신 변호사이기 때문에 매우 특이한 분야(예를 들어 위험관리 등)의 전문가로서 기업과 단체의 고문 변호사를 맡고 있다. 현역 시절에 검사장까지 지낸 사람들이지만, 변호사가 되고 나서 처음에는 대학 동창의 소개로 고객을 얻는 경우가 많다. 그리고 차츰 본인의 역량에 따라 더 많은 일을 맡게 된다.

우리가 인터뷰한 어느 지방의 검사 출신 변호사는 퇴임할 때 지위는 검사장이었지만, 야간대학 출신이어서 대학 동창생들의 도움을 받지 못해 어려움이 많았다고 한다. 하지만 성실하게 일을 하는 동안에 고객 회사가 꾸준히 늘어나 개업 7년째부터는 수입도 안정됐다고 한다.

현재 30여 개 회사의 고문 변호사로 활약하고 있는 이 변호사는 가난한 집안 출신으로 초등학교를 졸업한 뒤에 고학으로 사법시험에 합격해 검사가 되었다(「부자이야기 ④」 참조).

유형 3: 다른 자격을 함께 갖춘 변호사

나는 도쿄에 사는 마흔여덟 살의 변호사로 한 살 아래인 아내와 두 명의 자식이 있습니다. 대학은 모 국립대학 공학부를 졸업했습니다. 법학부를 졸업하지 않은 특이한 경력을 가지고 있는 셈입니다. 대학 시절의 성적은 매우 좋은 편이었고, 공학박사 학위도 취득했습니다. 원래는 대학에 남을 예정이었는데, 그게 쉽지가 않았습니다. 어느 세계에서도 마찬가지겠지만, 실력만 뛰어나다고 해서 되는 게 아니지 않습니까? 제게는 윗사람들을 잘 만나는 행운이 없었습니다. 그래서 대학에 남는 것을 단념했습니다.

그때 법학부를 졸업한 친구가 "자네라면 3년 정도 공부하면 사법시험에 합격할 수 있어."라고 하길래 법률 공부에 필사적으로 매달렸습니다. 그래서 친구의 말대로 3년 만에 사법시험에 합격했고, 미처 마무리하지 못한 전공 공부도 마저 해서 교수와 상담한 뒤 공학박사 학위를 받았습니다. 다른 길로 돌아왔지만, 그만큼 다른 변호사가 취급할 수 없는 분야의 일을 담당할 수 있게 되었습니다. 현재 주요한 일은 이공계의 지적재산권과 관련된 분쟁 처리인데, 변호사들 중에 이런 일을 할 수 있는 사람이 거의 없기 때문에 온종일 일에 파묻혀 지내는 날이 대부분입니다.

세 번째 유형의 변호사는 공학박사 겸 변호사 또는 의사 겸 변호사처럼 다른 자격을 함께 갖고 있는 경우이다. 이런 변호사들은 법학부 출신 변호사가 다룰 수 없는 일(의료 소송과 지적소유권 관련 등)을 취급하게 되어 제법 고객이 많다. 하지만 이들처럼 사법시험 이외에도 상당한 기간 노력을 기울이지 않으면 따기 어려운 자격을 갖추는 것은 아무나 할 수 있는 일이 아니다. 물론 이런 두 가지 자격을 갖추는 데 필요한 비용도 만만치 않다. 그래서인지 이런 유형의 변호사는 아직 소수다.

네 번째 유형의 변호사는 '법률사무소에 적을 두고 있지만 실태를 파악할 수 없는 변호사'이다. 대도시의 대형 법률사무소에는 연간소득이 1억 엔 가까이 되는 변호사들이 소속되어 있다. 그들의 주소가 대부분 한 법률사무소로 되어 있어 우리는 이들에게도 설문지를 보냈다. 하지만 그들 중 어느 누구에게서도 답장이 오지 않았다. 그렇기 때문에 이 유형에 속하는 변호사의 실상은 파악하기 어려웠다. 이는 앞으로의 과제로 남겨둘 수밖에 없다.

이번 고소득자 조사에서 응답해 준 변호사들은 다른 변호사들이 갖고 있지 않은 전문 분야를 지니고 있는 사람이 대부분이었다. 예를 들어 공학박사라든가 의사 자격을 갖추고 있었다. 아직은 이런 전문성·독자성을 가진 변호사 수가 적기 때문에 이들에게 특정 분야의 일이 집중되는 결과를 낳게 된다. 거꾸로 말하면 전문성이 없는 보통 변호사들은 대기업 샐러리맨과 연간소득이 거의 비슷한 실정이다. 이런 변호사들은 연간소득만으로 볼 때, 변호사가 되기 위해 치른 고생의 대가를 제대로 받고 있다고 보기 힘들다.

사실 변호사들이 처한 경제적 지위가 그다지 높지 않은 가장 큰 이유는 법률에 대한 수요가 많지 않기 때문이다(수요 측의 문제). 또 법조계에는 다양한 인재가 거의 없다는 점도 문제다(공급 측의 문제).

소송사회와 변호사의 함수관계

이번 앙케이트 조사에 응한 사람들 가운데 공학박사 학위를 가진 변호사가 포함되어 있었다는 것은 앞에서 설명했다. 이 변호사로부터 얻은 몇 가지 자료[5]에 근거해 미국과 우리 법조계의 차이를 '전문성' 이라는 관점에서 고찰해 보고자 한다.

미국 어느 변호사의 실제 경력을 한번 살펴보자. 이 변호사는 대학에서 분자생물학 박사학위를 취득한 뒤, 영국으로 건너가 연구 활동에 종사했다. 그 후 미국으로 돌아와 어느 법률사무소에서 근무하게 되자 야간 법률학교에 다니면서 사법시험을 볼 수 있는 자격을 획득했다. 그리고 단기간 시험공부를 한 뒤, 어느 주의 사법시험에 합격해 변호사 자격증을 땄다. 현재는 특허출원과 계약 교섭 업무를 하는 변호사로 활약하고 있다.

미국 변호사 중에서도 박사학위를 가진 사람은 아직 드물다. 하지만, 제조업체 등에서 기술자 경험을 가진 사람은 많이 찾아볼 수 있다. 미국 법률학교는 대학원 과정이기 때문에 대학졸업자만이 입학할 수 있다. 게다가 미국에서는 학부 수준에서는 법학 전공이 없기 때문에 어쩔 수 없이 법률 이외의 전공을 적어도 하나는 갖게 된다.

물론 학부 때 전공이 법률가로서의 업무에 직접 반영된다고는 할 수 없다. 그러나 중요한 것은 미국의 법률학교인 로스쿨에서는 공학을 전공한 사람과 역사와 경제를 전공한 사람이 대등한 처지에서 새로운 법률을 공부한다는 사실이다. 이 제도는 다양한 인재를 법률가로 만드는 데 큰 역할을 하고 있다.

반면 일본 법조계 실정은 어떠한가. 법률가가 되기 위한 시험인 사법시험의 수험 자격은 대학의 교양과정을 이수한 모든 사람에게 부여되고 있다. 따라서 법학부 이외의 학부 출신이더라도 사법시험에 합격하면 판사, 검사, 변호사가 될 수 있다. 하지만 그런 예는 매우 드물다.

일본에서 최근 사법개혁의 핵심으로 시행되고 있는 로스쿨은 통상 수료기간이 3년이지만, '법학 이수자'로 인정된 사람은 2년간의 단기수료가 가능하도록 되어 있다. 그런데 여기에서 '법학 이수자'는 기초적인 법률 지식을 갖고 있다고 인정되는 사람이면, 법학부 출신이든 그렇지 않든 구별하지 않는다. 하지만 이수자인가 아닌가를 가려내는 법률과목 시험이 법학부 출신에게 유리한 것은 분명하다. 로스쿨은 법학부 출신이라도 3년 코스를 모두 밟는 것으로 가정하고 만든 것이므로, 법학부 이외의 출신이 법학 이수자 코스에 들어갈 경우는 거의 없다고 할 수 있다.

미국처럼 다양한 인재를 법조계에 모이게 하기 위해 일본에서도 로스쿨이 구상되기는 했다. 하지만, 과연 많은 우수한 인재들이 연간 2,000만 ~ 3,000만 엔에 이르는 수업료를 3년간 내고서라도 변호사가 되려고 할까? 이 모든 것은 수요 측의 조건에 달려 있다고 할 수 있을 것이다.

21세기가 되어 사회가 점점 더 다양해지면서, 법률가들은 정보화나 환경 문제, 또는 과학기술 문제 등을 다루게 될 것이다. 그런데 법률가가 이런 새로운 문제들에 관여하는 것에 대한 비용을 사회가 부담할 각오가 되어 있는가도 문제이다.

이번 고액 납세자 조사 대상에 법률가가 거의 없었다는 것, 또 극히 소수이지만 대상자가 된 변호사는 모두 독자적인 전문성을 지녔다는 사실은 법조계에 대한 사회의 수요가 그리 많지 않다는 사실을 보여 준다. 이 사실은 법조계 이외의 우수한 인재를 법조계로 끌어들일 정도로 강한 수요가 아직은 없다는 뜻이다. 하지만 일본도 앞으로는 미국처럼 소송사회가 될 조짐이 있다. 다시 말하면, 변호사가 고액 납세자 명단에 많이 등장하게 될 가능성이 크다는 이야기이다.

가난에서 벗어나기 위해 일단 검사가 되다

나는 초등학교 4학년 때 사할린에서 돌아왔습니다. 당시 우리 아버지는 거의 무일푼 상태였습니다. 그래서 제재소의 처마 밑에 멍석을 깔고 숙박하게 되었습니다. 그때 내 가장 큰 소망은 '다다미가 있는 방에서 자고 싶다' 는 것이었습니다.

나는 지겨운 가난에서 벗어나야겠다고 생각하고, 홀로 도시로 나왔습니다. 그런데 우연히 어느 변호사의 일을 도우면서 공부하게 되었습니다. 낮에는 일을 했기 때문에 공부를 할 수 없었지만, 밤에는 정말 열심히 공부했습니다. 그 결과 운 좋게 사법시험에 합격하기는 했습니다. 하지만 그때는 전쟁이 끝난 직후였습니다. 모두 먹고 사는 것 자체가 힘들던 때였기에 변호사도 먹고 살기 힘든 시절이었습니다. 그래서 공무원인 검사가 되기로 했습니다.

판사가 되지 않았던 것은 판사의 세계에서는 학력이 중요하기 때문입니다. 흔히 도쿄 대학교나 교토 대학교를 졸업하지 않고서는 재판장이 될 수 없다는 말이 있었습니다. 그래서 대학을 제대로 나오지 못한 나는 검사를 지망했습니다. 검사의 세계는 그런 학벌로부터 비교적 자유로웠기 때문입니다. 그래서인지 나는 나중에 검사장까지 되었습니다.

검사를 그만둔 뒤에 변호사가 된 그는 지금도 제일선에서 활약하고 있다.

어느 변호사가 보낸 편지

1999년의 가을 무렵에 모 경제지에 '사법, 경제는 묻는다' 라는 시리즈가 게재되었다. 이 시리즈 가운데 하나의 주제는 변호사가 사법시험이라는 진입장벽으로 보호받고 있기 때문에 높은 보수에 비해 질이 낮다는 내용이었다.

이런 기사의 영향 탓인지 세상 사람들은 변호사가 돈을 꽤 버는 줄 알고 있다. 그러나 변호사로서 20여 년간 활동해 온 내가 비용 대 효과라는 관점에서 볼 때 변호사는 그다지 돈버는 직업이 아니라는 것이다.

만약 100만 엔을 회수하기 위해 변호사에게 소송을 의뢰하려면 변호사회의 보수규정(최근에 폐지됨)에 따라 10만 엔의 착수금이 필요하다. 그리고 회수에 성공하면 16만 엔의 성공보수를 지불하게 된다. 그냥 있었다면 100만 엔을 한 푼도 돌려받지 못했을 것이므로 불평을 늘어놓는 것은 잘못이다. 하지만 소송을 의뢰한 사람은 변호사에게 주는 26만 엔을 뺀 74만 엔만 돌려받으니까 왠지 손해본 기분이 든다. 그래서 누구나 변호사에게 지불하는 비용이 비싸다고 생각하는 것이다.

많은 변호사들이 기껏 일처리를 해주고도 규정대로 보수를 청구할 수 없는 것이 현실이다. 예를 들어 재판에는 이겼어도 상대가 무일푼으로 파산선고를 받으면, 어쩔 수 없이 착수금만 받는 경우도 있다. 게다가 의뢰자에 대한 동정심으로 착수금을 후불로 받기로 했을 경우에는 아무런 보수도 받지 못할 때도 있다.

만일 보수규정대로 착수금과 보수를 받았다 해도 연간 2,000만 엔을 벌려면 100만 엔짜리 사건을 77건 처리해야 한다. 1년은 52주이기 때문에 1주에 1.5건을 수임해야 한다. 그러나 그렇게 수요가 많지는 않다. 가격(착수금+성공보수)을 내려도 수요는 크게 늘어나지 않는다. 다만 다른 변호사의 사건을 중도에서 낚아챌 수 있을지 모르는 정도다.

연간소득이 2,000만 엔이라면 꽤 많다고 생각할지 모른다. 하지만 여기서 사무실 임대료와 공공요금 및 복사기 리스료 등의 경비가 지출되어야 하고, 사무원의 월급도 줘야 한다. 이 정도로는 결코 돈을 벌고 있다고 할 수 있는 수준이 아니다. 기업을 상대로 하면 상황이 조금은 낫다. 수억 엔, 수십억 엔에 이르는 소송을 담당하는 경우도 있다. 그러나 본질은 바뀌지 않는다. 예를 들어 특허 침해 사건으로 10억 엔을 청구하는 회사의 대리인이 됐다고 해보자. 변호사회의 보수규정에서는 착수금 2,369만 엔, 완전승소 시 성공보수 4,738만 엔의 보수를 받도록 정해져 있다. 하지만 이대로 청구하는 경우는 거의 없다. 의뢰 회사에서 "선생님, 승리하면 변호사 비용을 상대가 지불하도록 하는 방법은 없습니까?"라고 묻는 경우도 많다. 그런데다 이런 소송은 그렇게 빈번하게 일어나는 것이 아니다. 또 특허 침해 사건 등은 100만 엔의 외상매출금을 회수하는 일 같은 것과 비교할 때 훨씬 많은 시간과 노력을 기울여야 한다. 따라서 사건을 처리하는 데 들어가는 시간도 만만치 않다.

이상에서 알 수 있는 것은 변호사가 소송과 관련된 일만 해서는 돈벌기가 쉽지 않다는 것이다.

'사법, 경제는 묻는다' 시리즈에서는 전문성 있는 변호사가 적다는 것을 문제로 지적하고 있다. 그런데 그것은 경제원칙에서 볼 때 당연한 현상이다. 예를 들어 영어를 할 수 있고, 일본의 일류 제조업체 기술자와 대등하게 기술에 대해 대화를 나누며, 도쿄 지방법원과 도쿄 고등법원 판사들을 꼼짝하지 못하게 할 정도의 법률론을 전개하는 변호사가 있다고 해보자. 이 변호사가 그런 탁월한 능력 덕분에 돈을 많이 벌 것인가를 따져본다면, 결코 그렇지 않다. 그 이유는 이미 설명한 것처럼 변호사 보수는 사건의 규모로 결정되기 때문이다.

이 변호사가 다른 변호사보다 다소 많이 번다면, 능력이 좋아 사건을 단기간에 처리하기 때문에 연간 처리 사건 수가 많거나 승소할 수 있는 사건을 선별해서 수임하기 때문일 것이다. 변호사의 수완으로 승패가 결정되는 사건도 없지는 않지만, 배심원 제도가 없는 일본의 재판에서는 변호사의 업무능력이 승패에 미치는 영향은 적다. 결국 변호사의 경우, 능력과 소득이 직접적으로 연결되지 않는다. 따라서 전문성을 포함해 높은 능력을 지닌 변호사가 적은 것은 '경제원칙'에 따른 현상이라고 볼 수 있다.

물론 국내에도 돈을 많이 버는 변호사는 있다. 그러나 이런 변호사들은 소송 같은 것을 그다지 맡지 않는다. 기업과 마찬가지로 돈을 벌려면, 다른 사람에게 일을 시키는 것이 중요하다. 그리고 다른 사람에게 일을 시키려면, 분업의 이익을 얻을 수 있는 일을 해야 한다. 또 기분 좋게 일한 대가를 받으려면 변호사 비용이 예산화되어 원가로 인식된 일을 맡는 것이 좋다. 커다란 프로젝트 법률업무를 한꺼번에 인수하면, 이런 조건을 충족시킬 수 있다.

예를 들어 1,000억 엔 정도의 기업매수를 생각해 보자. 이것은 1,000억 엔짜리 1건으로 생각하거나 100억 엔짜리가 연간 10건 있다고 생각해도 좋다. 이 프로젝트에서는 매수가 완료될 때까지의 법률사무 비용으로 총액의 1퍼센트가 책정되어 있다고 하자. 그러면 10억 엔의 예산이 확보된다.

큰 법률사무소의 경영자로서 이 안건을 수주했다고 해보자. 그는 우선 각종 계약서의 작성, 매수대상 기업에 대한 실사 등 수많은 법률사무를 처리하기 위해 이 안건에 20명 정도의 어시스턴트(보조원)를 배정할 것이다. 그리고 한 사람이 연간 2,500시간 정도 일했을 때 의뢰자에게 1시간 당 2만 엔을 청구한다. 이것이 시간당 청구(Time Charge)라는 접근방식이며, 이렇게 해서 총 비용이 10억 엔 들어가게 된다.

한편 어시스턴트 급료는 연간 1,000만~2,000만 엔 정도일 것이다. 어시스턴트를 위한 사무실과 비서 급여 등을 감안하면 어시스턴트 1인당 평균 2,500만 엔 정도의 경비가 들어갈 것이다. 그렇다면 경비 합계가 5억 엔이다. 차감한 5억 엔에서 어시스턴트에게 귀속시키지 않은 사무소 임대료와 비서 급여 및 기타 경비 등을 지급하기 때문에 이 5억 엔이 보통 변호사의 매출에 해당된다고 생각할 수 있다.

변호사가 돈을 잘 벌려면 이런 구조의 정점에 서는 수밖에 없다. 하지만 이런 구조의 정점에 설 수 있는 사람은 다른 직업에서도 성공할 가능성이 매우 높다. 따라서 변호사라는 직업에 우수한 인재가 몰릴 수 있는 장점은 그다지 없다. 결국 지금까지 변호사 중에 우수한 인재가 많지 않았다면, 그 이유는 이 사회가 우수한 변호사의 능력에 맞는 보수를 지불할 각오를 하지 않기 때문이라고 생각한다.

최근에는 많은 기업들이 변호사 비용이 건전한 기업운영을 위한 필요경비라고 인식하고 있다. 이런 인식이 퍼져나가면 변호사 수입도 증가하고, 우수한 인재가 법조계로 몰릴 것이다. 또 그 결과 스타성 있는 변호사도 늘어날 것이다. 이런 사람들은 사법시험 합격자가 연간 500명이나 돼도 걱정 없을 것이다.

그런데 앞으로는 로스쿨을 졸업하지 않으면 사법시험에 응시할 수 없기 때문에 변호사가 되기 위한 초기 투자비용이 증가하게 된다. 그런데 이에 따른 고소득이 보장되지 않는다면, 우수한 인재들은 법조계를 경원시하게 될 것이다. 결국 앞으로의 사회 변화가 변호사의 질을 좌우한다고 볼 수 있다.

3장

경영자는 모두 부자인가

우리의 앙케이트 조사에 따르면, 최근 고소득자를 대표하는 사람들은 벤처 기업을 포함한 기업경영자와 의사들이다. 1970~1980년대에는 토지보유자가 고소득자로 이름을 날렸던 때도 있었으나 어느 시대에나 고소득자의 대표선수는 기업경영자였다.

따라서 3장에서는 경영자가 어떻게 해서 고소득을 올리는지를 검증하고, 어떤 사람이 경영자가 되는지 알아보고자 한다. 계급 그 자체를 논하는 사람들은 경영자를 자본가계급과 함께 노동자와 일반 서민을 지배하는 계급으로 받아들이는 경우가 많다. 이 책에서는 이런 접근 방식을 부정하는 것은 아니지만, 계급을 떠나 기업경영자 그 자체에 대해 논의해 보고자 한다.

1950년대 이전의 경영자

1950년대(2차 세계대전) 이전에 재벌을 창시한 사람들은 상업, 금융업, 공업, 조선업 등과 같은 가업을 발전시켜 거대한 재벌 그룹이 될 정도로 사업을 확장했다. 그런데 이런 재벌 경영자층의 소득은 대부분이 주식보유에 의한 배당금이라는 것을 강조하고 싶다. 가장 주목해야 할 것은 기업경영자로서의 보수, 즉 봉급과 급여는 전 소득의 10퍼센트 정도에 지나지 않는다는 것이다. 수많은 기업의 창업, 출자, 경영에 관여한 기업경영자가 올리는 소득의 60퍼센트는 주식보유에 의한 배당수입이었고, 18퍼센트 안팎이 금리에 의한 수입이었다. 특히 재벌기업은 지주회사 방식에 의해 산하 기업의 주식을 보유하고 있기 때문에 주식보유에 의한 배당수입이 소득의 대부분을 차지했다.

이 시대의 기업경영자들은 이런 배당금 수입에 만족하지 않고, 상당한 주식 거래를 했다. 이들은 출자와 감자, 혹은 주식매각과 인수 같은 활동을 활발히 했기 때문에 소득 변동 폭이 컸다. 1950년대 이전은 산업이 발전하기 시작한 초창기라 경영자나 출자자는 주식에 의한 경제거래로 고액의 소득을 올릴 수 있었다. 하지만 주식 거래에는 위험요소가 많아 커다란 손해를 보는 경우도 있었다. 한마디로 말해, 이들은 '하이 리스크-하이 리턴'(고위험 고수익)을 즐기는 사람들이었다. 어찌보면 이 당시의 기업경영자들은 현대의 벤처 기업가와 비슷한 성격을 갖고 있었다. 사실 어느 시대에나 '하이 리스크-하이 리턴'을 사랑하는 사람이 아니면 경제적인 성공을 거둘 수 없다.

1950년대 이전의 기업경영자에게는 고등교육이 중요한 역할을 했다. 사실 기업을 창업하고 출자하는 데 학력이나 경영술과 기술력은 그다지 중요하지 않다. 그보다는 오히려 어느 정도의 출자능력과 리스크를 부담할 정신력이 있는가 없는가가 더 중요하다. 그러나 창업 단계를 지나 경영이라는 측면에서만 보면, 경영자와 기술자로서의 능력이 중요해진다. 여기에서 전문 경영자가 등장하게 된다.

1950년대 이전의 대기업들은 명문 대학 출신의 경영 전문가들을 의도적으로 중용했다. 이들은 각 재벌기업 소속의 합자회사에시 경력을 쌓은 뒤 적당한 연령이 되면 산하 기업의 경영자가 되었다. 이것은 재벌의 소유주가 경영을 전문가에게 맡긴다는 배리-민즈(1932년)류의 '소유와 경영의 분리'라고 할 수 있다. 그런데 이때까지만 해도 재벌 기업의 소유권은 오너 한 사람에게만 집중되어 있어 현재의 주식회사처럼 다수의 주주가 존재하는 분산형 소유는 아니었다.

일본의 경영 전문가에 관한 흥미 있는 연구 결과[6]가 있다. 대기업 경영은 오너 혼자만의 능력으로는 감당하기 어려운 일이다. 따라서 대주주인 기업의 오너는 경영 전문가를 채용하기 시작한다. 미국의 경영사학자인 알프레드 챈들러(1980)는 이런 경영 전문가들을 '전문 경영자'(salaried managers)라고 부르고 있다. 일본에도 샐러리맨 임원, 혹은 샐러리맨 사장이라는 말이 있다. 이들은 대주주(즉 소유자)는 아니지만 신입사원 때부터 일하든지 아니면 중도에 채용되든지 하여 그 회사의 경영을 전문적으로 담당하는 사람들이다.

역시 경제사학자인 모리카와 히데마사 교수(1980)가 1900년대 초 8대 재벌의 임원에 대해 조사한 자료에 의하면, 직원의 60퍼센트 안팎이 귀족출신이었다. 그들 중에는 도쿄 제국대학 출신이 29퍼센트, 게이오 대학이 21퍼센트일 정도로 학력이 높았다. 그들의 연령은 45세 이하가 많아 상대적으로 젊었다. 그들은 중도 채용이 66퍼센트로 다른 곳에서 스카웃된 비율이 높았다. 또 그들은 60퍼센트 정도가 해외생활 경험자였다.

요약하면 신분과 교육수준이 높고 해외 체험이 있는 젊은 엘리트들이 기업경영을 해왔던 것이다. 이런 사실을 현대 사회학과 경제학으로 해석하면, 능력이 많고 의욕도 있는 젊은 이가 높은 교육을 받은 뒤 사회 엘리트로서 재벌기업의 경영자가 되었던 것이다.

이런 사실을 상징적으로 보여주는 것은 1940년까지의 히다치 제작소의 상무 명단이다. 이 회사 10명의 임원 중 9명이 도쿄대 출신이었다.[7] 히다치의 오너에게 경영을 위탁받은 경영자는 고학력에 능력도 많은 사람이었던 것이다.

1900년대 초까지만 해도 도쿄 제국대학 졸업생 수가 그다지 많지 않았고, 대부분 관료가 되었기 때문에 이들 중 대기업경영자가 되는 사람은 매우 적었다. 그러나 1930년대로 접어들면서 도쿄 제국대학 졸업생 수가 증가했고, 경제발전으로 기업경영자(여기서는 전문 경영자)의 수도 늘어나 히다치 제작소처럼 제국대학 출신 경영자가 많이 배출됐다. 결국 1950년대 이전에는 대기업 경영이 고학력의 전문 경영자에 의해 이뤄졌다고 할 수 있을 것이다. 그러나 모든 대기업이 오너의 손을 떠나 전문 경영자의 손에 맡겨진 것은 아니다. 어떤 자료에 의하면, 전문 경영자가 1930년대에 임원의 과반수를 차지하고 있는 대기업은 28퍼센트 안팎에 지나지 않았다.[8] 이때까지만 해도 임원의 상당수 비율을 오너와 그 친족들이 차지하고 있었기 때문이다. 하지만 1950년대 이후부터는 재벌이 해체된 뒤 전문 경영자 수가 급격히 증가했다.

1950년대 이후의 경영자

2차 세계대전에서의 패전은 일본 사회와 경제를 뿌리부터 바꿔놓았다. 농지개혁과 재벌해체 및 독점금지 정책이 가져온 효과는 절대적이었다. 이런 정책들은 전쟁을 일으킨 핵심 멤버가 재벌이라고 본 데서 비롯된 것이다. 이 정책들은 구체적으로 지주회사의 해체, 소유하고 있는 주식의 공개, 그리고 재벌가족의 기업지배력 약화 등에 중점을 두었다.

정책적으로 재벌이 해체되고 주식보유도 대주주에서 분산보유로 바뀌었기 때문에 소유와 경영의 분리가 더욱 확실해졌다. 일부 대주주에 의한 지배가 없어졌기 때문에 경영자층의 발언권은 더욱 강해졌다. 오너가 여전히 주주이기는 했지만 주주가 분산되었기 때문에 경영자층에 대한 관여나 발언권은 상대적으로 약해졌다. 이에 따라 전문 경영자의 역할이 더욱 두드러지게 되었던 것이다.

2차 세계대전 이후의 일본 기업경영을 논의할 때는 이런 경영자들이 기업의 중심이 되었다는 것을 강조할 필요가 있다. 그런데 신입사원으로 입사해 치열한 내부 경쟁을 거쳐 경영자가 된 사람들은 오랫동안 기업에 근무했기 때문에 소수의 주식을 보유하고 있지만, 대주주라고는 할 수 없다. 이들은 단지 프로로서 경영만 하는 집단이다.

이들은 대주주가 아니기 때문에 주식보유에 의한 배당수입액은 많지 않다. 이들 집단의 수입원은 경영자로서 받는 봉급이 거의 대부분이다. 그래서 이런 전문 경영자들을 샐러리맨 경영자, 혹은 샐러리맨 경영간부라고도 부른다. 사실 대기업의 사장과 임원은 그다지 높은 연봉을 받지 못하고 있다. 물론 퇴직금이 상당히 많기 때문에 현역일 때 받는 연봉이 그다지 높지 않아도 생애소득은 많다는 지적도 있다. 게다가 골프장 회원권, 사택, 비서, 전용차와 같은 비급여적 이득도 많다.

어쨌든 상장기업경영자가 고소득자 명단에 올라가는 일은 거의 없다. 기업경영자로서 이름이 올라가는 경우는 기업의 오너이면서 경영자인 경우가 대부분이다. 이들은 기업의 대주주이며 동시에 기업경영도 하고 있는 사람이다. 이런 사람들은 보유주식의 배당수입이 높았다.

기업의 오너 경영자는 물론이고, 샐러리맨 경영자들은 대부분

자신이 자본가라는 의식을 갖고 있지 않다고 생각한다. 반대로 그들은 자신을 프로 경영자로서 이해하고 있는 것 같다. 그리고 젊었을 때는 자신도 노동자의 한 사람이었기 때문에 노동자와 대립관계에 있다고도 생각하지 않는다. 그러나 실제 경영을 할 때는 기업의 실적이 부진하게 되면 노동자를 해고해야만 하기 때문에, 그럴 때만큼은 노동자와 적대관계에 서게 된다.

와타나베는 샐러리맨 경영자, 즉 전문 경영자를 자본가계급으로 규정하기도 한다.[9] 그에 따르면 현대 자본가계급에는 두 가지 유형이 있다.

첫째, 고전적인 자본가계급 유형이다. 이들은 자본의 소유자(대주주)인 동시에, 회사의 의사결정을 총괄하는 경영자이기도 하다.

둘째, 경영자본가계급이라 불리는 유형이다. 이들은 자사에 대해서는 경영자이지만, 다른 회사에 대해서는 주주이기 때문에 경영자이면서 자본가 얼굴을 갖고 있다.

와타나베의 해석에는 약간의 무리가 있다고 생각한다. 다른 회사의 주식을 보유하고 있는 것은 대부분 법인기업이다. 그런 법인기업의 대표자는 사장이기 때문에 이들이 주식의 매매를 결정하기는 한다. 하지만, 그들이 스스로를 어느 정도까지 주식보유자

혹은 자본가로 의식하고 있는지는 의문이다. 예를 들어, 이들은 자신의 기업(법인)에 유리한지 불리한지를 기준으로 주식 매매(즉 상호보유비율의 변경)를 한다. 게다가 주식보유에 의한 배당도 자신의 것이 아니라 어디까지나 기업의 수입이 된다. 또 오너 경영자와 달리 사장으로서의 재직 연수도 몇 년에 지나지 않기 때문에 회사의 오너라든가 자본가라는 의식은 거의 없는 것 같다.

어쨌든 경영자와 종업원은 적용되는 법률이 다르다. 경영자는 상법의 적용을 받지만, 종업원은 노동법의 적용을 받는다. 즉, 경영자와 노동자의 기능은 다르며 양자의 이해가 일치하지 않는다. 그래서 와타나베는 경영자가 경영자 단체를 만들어 관료 집단과 함께 사회를 지배하는 계급을 이룬다고 주장한다. 그리고 이들의 지배를 받는 것은 노동자와 일반 국민들이다.

학력주의의 두 얼굴

본론에 들어가기 전에 '학력주의'라는 단어부터 설명해 보자. '학력주의'란 '학력이 사회적 지위와 소득의 크기를 결정하는 힘이 강하다'는 것을 뜻한다. 여기에서 '학력'에는 두 가지 의미가 있다. 하나는 학력이 교육수준의 차를 나타내는 경우다. 구체적으로는 중졸, 고졸, 대졸이라는 말처럼 학교를 어디까지 다녔는지가 만들어 내는 효과에 주목하는 것이다. 다른 하나는 같은 교육수준에서 이른바 명문 학교의 이름이 만들어 내는 효과에 주목하는 것이다.

일본에서는 특히 두 번째 의미에 대한 관심이 높다. 도쿄 대학을 중심으로 한 명문 대학 졸업생이 각계에서 유리한 대우를 받고 있기 때문이다. 그러나 첫 번째 의미도 상당히 중요해서 교육수준의 차이가 사회에 미치는 영향은 크다. 예를 들어 중졸 및 고졸자의 대부분은 블루 칼라 노동자가 되지만, 전문대와 대학 졸업자의 대부분은 화이트 칼라 노동자가 되기 때문에 학력이 직업을 결정하는 요인으로 작용한다. 게다가 기업의 간부로 등용될 때도 대졸자가 유리하다.

학력주의와 비슷한 말로 능력사회, 즉 메리토크라시(merito-cracy)라는 것이 있다. 이것은 업적, 능력, 자격에 따라 처우가 달라지는 사회를 말한다. 메리토크라시의 어원은 1870년에 영국에서 능력주의에 따라 관리를 임용하고 승진시키기 위해 경쟁시험을 도입한 것에 있다.[10] 메리토크라시는 '귀족에 의한 지배'(아리스토크라시)에 대항하기 위해 능력 있는 사람이 통치하는 사회를 지향한 것이다.

메리토크라시는 신분제와 세습제로 결정되는 사회를 부정하고 교육 자격, 능력을 중시한다. 즉 본인의 교육수준과 학력만이 직업과 지위의 결정에 영향을 미치기를 기대하는 것이다. 또한 메리토크라시는 본인의 업적(업무 성과)을 중시한다. 사실 메리토크라시와 업적주의는 엄밀하게 따지자면 다른 것이다.[11] 업적주의는 인류학에서 나온 개념으로 속성주의와 대비된다. 이것은 업무와 프로젝트를 얼마나 달성했는가에 주목한다. 하지만 메리토크라시에는 업적이 포함되기 때문에 업적주의도 메리토크라시의 범주로 볼 수는 있다. 따라서 메리토크라시는 교육, 능력, 업적을 모두 고려한 능력·업적주의라고 번역하는 것이 가장 적합할 것이다.

앞에서 학력주의에는 두 가지 의미가 있다고 밝혔는데, 첫 번째 의미에서 교육수준의 차가 직업과 지위에 미치는 효과는 상당히 강하다. 그러나 교육수준의 차가 사람들의 소득 격차에 미치는 영향력은 적다고 할 수 있다.[12]

두 번째 의미에 대해서는 찬성과 부정의 양론이 있다. 예를 들어, 엘리트 관료 혹은 행정고시에 합격하는 사람들 중에는 도쿄 대학을 필두로 한 명문 대학 출신이 많다. 특히 얼마 전까지만 해도 중앙관청의 국장과 차관 중 대부분이 도쿄 대학 출신이었다. 이 사실은 일본이 학력주의 사회라는 인상을 주는 주요 원인이었다.

그러나 잘 생각해 보면, 도쿄대생이 특별 대우를 받고 있는 것은 아니다. 우선 공무원 시험에는 누구나 응시할 수 있기 때문이다. 시험 합격자에 도쿄대생이 많기 때문에 도쿄대생이 관료로 많이 임용되고 있는 것이다. 이처럼 관료세계에서 도쿄대생이 강세인 것은 그들이 남들보다 능력과 의욕이 많아 어려운 시험에 더 많이 합격해 승진하기 때문이다. 졸업 학교의 이름 덕분에 그들이 성공한 것은 아니다. 이들은 오히려 학력주의 덕분이 아니라 능력과 실적 덕분에 등용되는 것이다.

그런데 문제가 되는 것은 한 명문 대학을 졸업한 사원이 승진을 빨리해 임원이 될 확률이 높다는 것이다. 그리고 이런 사실이 일본을 학력주의 국가로 보이게 만드는 가장 큰 이유이기도 하다. 이에 대해서는 다음과 같은 평가가 가능하다.

첫째, 뒤에서 구체적으로 설명하는 것처럼 명문 대학이 우선시되는 정도가 시대에 따라 상당히 달랐다는 사실이다. 결국 2차 세계대전 전후에는 일시적으로 명문 대학 출신자가 유리했지만, 그 뒤에는 그런 경향이 점점 약해지고 있다.

둘째, 명문 대학 출신자는 관료와 다른 회사에 넓은 인맥을 갖고 있기 때문에 기업이 이런 사람을 빨리 승진시키고 임원을 만드는 경향이 있다.[13] 이것은 비즈니스의 효율을 높이기 위한 것이기 때문에 특별히 비난받을 일은 아니다.

셋째, 같은 기업 안에서도 동창생에 대해 친밀감을 느끼는 것은 인지상정이기 때문에 명문 대학 출신의 상사가 동문인 부하를 좋게 보아 빨리 승진시키는 일이 있다. 이때 능력과 실적이 없는 사람이 단순히 학력만으로 유리하게 된다면 기업 효율성은 떨어질 우려가 있다. 바꿔 말하면 학력주의를 설명하는 커다란 근거로서 이런 연고주의가 등장하는 것이다.

사실 세 번째의 설명은 대학 이름에 의한 격차뿐만이 아니라 고졸이 볼 때 대졸자가 우대받고 있다고 생각하는 견해와 공통점이 있을지 모른다. 아무리 능력과 실력이 있어도 고졸이라는 사실만으로 승진이 늦어지고 임원이 되지 못하는 사람들에게는 대졸자의 유리함이 불공평하게 보이지 않겠는가.

그런데 최근에는 고등학교를 졸업한 신임 사장의 수가 조금씩 증가하고 있다. 벤처 비즈니스에서 성공한 사람뿐만이 아니라 일반 기업에서도 고졸자가 증가하고 있는지는 아직 검증되지 않았다. 하지만, 어느 경우든 학력의 벽이 무너지는 것은 바람직한 일이다.

일본의 학력주의는 복잡한 얼굴을 하고 있다. 합리적인 측면도 있고 비합리적인 측면도 있다. 합리적인 측면은 높은 학력을 성취한 사람은 능력과 의욕이 높은 경우가 많기 때문에 그런 사람들은 학력을 떠나 유능한 경우가 많다. 하지만 비합리적인 측면은 가난해서 높은 학력을 성취할 수 없었던 사람이 유능한데도 불구하고 학력 때문에 사회에서 불리한 대우를 받을 때이다.

1950년대 이전에는 도쿄 제국대학과 일부 사립대학을 졸업한 사람이 경영자층의 대부분을 차지했다. 옛날에는 대학진학자 수가 매우 적었기 때문에 그런 사람들의 희소가치가 높았으며, 무엇보다도 그런 사람들은 우수했다. 따라서 당시에는 높은 기술능력과 경영능력을 가진 이런 고학력자들이 기업 경영을 담당했던 것이다.

1950년대 이후에는 어떻게 됐을까. 점령군에 의한 개혁으로 교육의 민주화가 추진돼 능력과 의욕이 있는 사람은 누구나 대학에 진학할 수 있는 길이 열렸다. 지금은 집안의 사회적 지위나 경제적인 문제 때문에 대학에 진학하지 못하는 경우는 거의 없다고 볼 수 있다. 그 증거로 18세 동년층 가운데서 50퍼센트 전후가 대학에 진학하는 시대가 됐다는 점을 들 수 있다.

경영자층과 학력의 관계

1950년대 이후 일본의 경영자는 어느 정도의 학력을 갖고 있을까. 1960년경에 상무 이상 경영자의 학력은 매우 높았다.[14] 당시에는 전문대학과 대학을 졸업한 고등교육을 받은 사람은 전체 인구의 7퍼센트에 지나지 않았다. 하지만 경영자의 91퍼센트가 이 7퍼센트에서 배출되었다. 학력주의의 영향이 매우 높았다는 것을 알 수 있다. 게다가 도쿄 대학을 필두로 일부 사립대학(와세다 대학, 게이오 대학) 졸업생이 대부분을 차지하고 있었다.

그러나 시간이 흘러 1990년대에 들어서면서부터는 학력주의는 미묘한 변화를 보이고 있다. 여러 가지 조사 자료에 따르면, 경영자의 출신대학이 다양화되고 있다. 특히 자본금 1,000억 엔 이상의 대기업에 한정해 보면, 도쿄 대학을 중심으로 한 명문 대학이 압도적으로 유리하지만, 규모가 작아질수록 비명문 대학 비율이 다수를 차지하고 있다.

여기에는 두 가지 이유가 있다. 첫째, 대기업에 입사하는 데는 명문 대학 졸업생이 유리하기 때문에 대기업에 근무하는 명문 대학 졸업생 비율이 높은 것이다. 반면 중소기업에는 비명문 대학 출신자가 많다. 둘째, 대기업에는 1950년대 이전에 세워진 기업이 많아 학력주의 전통이 강했다. 반면 중소기업에서는 학력주의 보다는 능력 및 업적주의를 도입하여 대기업과의 경쟁에서 이기려는 분위기가 강했다.

1990년대 중반에 상장회사 임원 2,026명을 대상으로 조사했을 때[15] 명문 대학 출신자는 1,056명, 비명문 대학 출신자는 970명이었다. 여기서 명문 대학은 제국대학 7개 학교에 고베 대학, 도코 대학, 히도츠바시 대학 등을 포함한 12개 학교다.

이런 숫자를 보면 명문 대학 출신자는 임원, 즉 이사 이상의 지위로 승진하는 데 유리하다는 것을 알 수 있다. 그러나 동시에 비명문 대학 출신자도 절반에 약간 미치지 못하기는 하지만 상당한 비율을 차지하고 있다고 할 수 있다. 바꿔 말하면 비명문 대학 출신자도 열심히 노력하면 임원까지 승진할 수 있는 것이다. 게다가 그것이 상장기업처럼 비교적 대규모 기업을 대상으로 한 수치라는 점에서 가치가 있다. 이들은 경영자가 되기 위한 자질로서 명문대 출신 효과가 약해지고 있음을 보여 주고 있다 할 수 있다.

다음으로 흥미 있는 것은 임원의 보수다. 상장기업의 전문 경영인을 대상으로 조사해 보았더니 오너 경영자 수는 매우 적었다. 그들의 보수는 대기업 회장이 4,499만 엔이고, 사장은 3,595만 엔이다. 중소기업에서는 회장이 2,593만 엔이고, 사장은 2,409

만 엔이다. 부사장과 전무, 상무와 이사의 보수가 회장과 사장보다 낮은 것은 당연하다.

여기서 가장 인상적인 것은 대기업의 회장과 사장이라고 해도 연간소득이 평균 5,000만 엔을 넘지 않는다는 사실이다. 기업에 따라서는 1억 엔에 가까운 보수를 주는 곳도 있지만, 5,000만 엔보다 훨씬 적은 보수를 주는 기업도 있다고 할 수 있다.

5,000만 엔에 미치지 못하는 평균 보수액은 다른 고소득자의 소득과 비교하면 상당히 적다고 할 수 있다. 이런 사실은 고소득자 명단에 상장기업경영자 이름이 그다지 올라 있지 않다는 사실과 합치한다. 경영자의 보수는 오히려 비상장기업경영자 쪽이 더 많은 것이다.

원래 이미 강조한 것처럼 상장기업경영자는 비화폐적인 보수나 거액의 퇴직금을 보장받는다. 따라서 여기서 5,000만 엔에 미치지 못하는 보수를 받는다고 해서 그 액수가 지나치게 적다고는 할 수 없다. 하지만 미국 경영자와 비교해 보면 매우 낮은 보수다. 요약하면 일본의 경영자, 특히 전문 경영자의 소득은 그다지 많지 않다고 결론지을 수 있다.

누가 경영자가 되는가

그렇다면 도대체 어떤 사람이 어떤 과정을 거쳐 경영자가 되는 것일까. 경영자에는 크게 두 가지 유형이 있다.

하나는 기업에 사원으로 입사한 뒤 승진을 계속 해 임원이 되고, 최종적으로 사장이 되는 케이스다. 이것을 전문 경영자라고 부르기로 하자. 다른 하나는 스스로 기업을 창업하여 처음부터 오너가 되는 케이스다.

전문 경영자의 경우

상장기업 임원을 철저히 조사한 연구를 바탕으로 누가 어떻게 해서 전문 경영자가 되는가를 간단하게 설명해 보겠다. 전문 경영자들은 자신이 임원(경영자)이 된 이유를 스스로 평가하여 다음과 같은 세 가지 결론을 내렸다.[16]

> 첫째, 회사 내의 다양한 부서를 거치며, 전사적(全社的)으로 자기편을 많이 만들었다.
> 둘째, 부하로부터 두터운 신뢰와 지지를 얻었다.
> 셋째, 자신의 전문 분야에서 커다란 업적을 쌓았다.

첫째와 셋째 이유는 언뜻 보기에 모순된 것이 아닌가 하는 생각이 들지 모르겠다. 하지만 주로 초기에 특정 분야, 예를 들어 연구 개발, 기술, 판매, 경리, 인사 등의 분야에서 커다란 업적을 올려 두각을 나타낸 사람은 과장과 부장 같은 중간관리직에 등용되기 마련이다. 그 후 여러 부서를 두루 거치며 다양한 경험을 쌓게 된다. 현재의 경영자가 앞으로 경영자가 될 만한 전도유망한 후배에게 그런 기회를 일부러 만들어 주는 것이다. 이렇게 여러 부서를 이동하면 전사적으로 자기편을 만들 수 있게 된다.

전문 경영자들은 위의 세 가지 이유 외에도 자신이 임원이 된 데 대해 다음과 같은 두 가지 이유를 더 들었다. 하나는 좋은 상사를 만나는 것이고, 또 하나는 운이 좋은 것이다. 왜냐하면 대기업에서는 경쟁자가 많아 좋은 상사와 운을 만나지 않으면 좀처럼 경영자까지 올라가기 어렵기 때문이다. 그러나 좋은 상사를 만났다는 것은 결과일 뿐이다. 결국은 자신이 우수한 성과를 냈기 때문에 상사가 등용시켜 준 것이 아니겠는가.

전문 경영자들은 경영의 목표로서 중시해야 할 것 세 가지를 다음과 같이 말했다.[17] 첫째, 종업원의 고용과 안정된 생활을 지켜 준다. 둘째, 회사의 재무 체질을 강화한다. 셋째, 업계에서 회사의 지위를 향상시키는 성장노선을 유지한다. 이 세 가지의 순서는 중요도에 따른 것이다. 성공한 많은 경영자들은 종업원의 고용과 재무 안정을 무엇보다 중요시했고, 그 다음이 기업성장이라고 생각했다.

이상에서 살펴본 것을 요약하면, 비교적 대규모 기업의 경영자는 사원이었을 때 커다란 업적을 이루었고, 인간관계를 중시했으며, 좋은 운을 만나 최고의 자리에 올랐다고 할 수 있다. 또 이들은 경영의 목표로서 안정지향을 가장 중시하는 경향이 있었다.

창업에 의한 경영자의 경우

현대의 고소득 경영자 대부분은 오래 전에 창업해 오너로서 성공을 거둔 사람들이다. 과거의 창업자 가운데 전설적인 경영자로서 마스시타 고노스케가 있다. 그는 작은 전기회사를 대기업으로 성장시켜, 오랫동안 고소득자로서 이름을 날렸다. 오너 경영자의 전형이다.

요즈음에는 소비자에게 서비스를 제공하는 분야에서 창업하여 성공하는 예가 많다. 이런 분야는 창업 자금이 비교적 적게 들고, 기술 경쟁을 위해 인재를 확보해야 할 필요성도 그다지 많지 않다.

원래 창업은 누구라도 성공하는 것이 아니다. 대부분은 몇 년

지나지 않아 문을 닫는 경우가 다반사다. 그러나 극히 일부 기업은 살아남아 성장에 성공한다. 이 경우에 기업가는 자사의 미공개 주식을 많이 갖고 있어, 주식을 공개할 때 엄청난 자본차익을 얻을 수 있다.

어떤 사람이 오너 경영자가 되느냐를 살펴보면, 기업에 근무하던 사람이 퇴직해 창업하는 경우와 처음부터 기업가가 되는 경우가 있다. 후자 중에는 창업, 폐업, 창업, 폐업을 되풀이하는 사람도 있다.

창업자의 교육수준은 대졸의 비율이 약간 높다고 할 수 있지만, 학력에서 이렇다 할 특징은 없다. 창업에 성공하려면, 일단 학력의 높고 낮음을 떠나 리스크에 과감하게 도전할 줄 아는 사람이어야 한다. 또 설령 성공하지 못하고 실패로 끝나더라도 망연자실하지 않고 다시 일어설 수 있는 사람이어야 한다.

사실 창업의 고통은 경험해 본 자만이 알 수 있을 정도로 크다. 대기업에서도 리스크는 있게 마련이다. 하지만 그곳에는 각 분야의 인재가 많기 때문에 어떻게 해서든 문제를 해결하기가 쉽다. 그러나 창업자가 맞닥뜨리는 리스크는 매우 다양하며, 그 문제를 해결할 만한 전문가도 곁에 거의 없다. 최악의 경우에는 창업자

한 사람이 모든 리스크에 대응해야 한다. 여러 가지 문제가 엉킬 때에는 어지간한 강심장이 아니라면 제대로 대응할 수 없을 만큼 힘든 것이 사업이다.

이런 고통을 수없이 겪은 사람이니만큼, 경영에 성공했을 때 고소득을 얻는 것도 어쩌면 당연하다. 많은 리스크를 감수한 사람에게 리턴이 많은 게 당연하지 않겠는가.

경영자라는 직업은 수지가 맞는 일인가

앞에서 살펴보았듯이 경영자(특히 오너 경영자가 아니라 상장기업의 전문 경영자)의 소득은 그다지 높지 않았다. 그렇다면 이 사람들은 업무의 강도 및 경영자가 되기 위한 경쟁의 치열함 등에 걸맞는 보수를 받고 있지 못하는 것일까.

경영자의 소득이 경영자가 되지 못한 사람들의 소득보다 상당히 높은 것은 사실이다. 따라서 이들에게는 제법 높은 수준의 생활이 보장된다. 경영자들이 모두 6장에서 설명하는 고소득자의 생활수준(예를 들어 외제차와 별장, 그리고 호화로운 저택 등)을 유지하지는 못할지라도, 확실히 이들은 보통 사람들보다 높은 수준의 생활을 하고 있다.

경영자가 되기 위한 길은 매우 험하다. 동기 신입사원 수백 명을 뒤로 하고 계장, 과장, 부장으로 승진하는 가운데 경쟁이 계속된다. 이런 끊임없는 경쟁을 뚫고 최고 경영자가 되는 사람은 동기들 중 한 명 또는 두 명에 지나지 않는다. 특히 사장 자리에 오르기 위해 치러야 하는 경쟁의 치열함은 상상을 뛰어넘는 일이다.

대기업의 임원이 되지 못했다고 해서 경영자가 되는 길이 막히는 것은 아니다. 상장되어 있는 대기업은 소회사와 관련기업을 많이 갖고 있기 때문에 모기업을 퇴직한 뒤, 그런 기업의 임원 및 경영자가 될 수 있다. 그러나 소득은 모기업 임원보다 아주 적고, 경영자로서의 권한이나 일의 보람도 적은 경우가 많다. 그렇지만 샐러리맨 가운데는 이런 자리에 올라보지도 못하고 정년을 맞아 회사를 떠나는 사람이 훨씬 더 많다.

화제를 경영자로 되돌려 보자. 치열한 경생 끝에 승진했지만 그다지 크지 않은 보상에 실망하는 경영자가 있다 해도 이상한 일은 아니다. 사실 경영자의 보수는 생각만큼 그렇게 많지 않다. 게다가 업무에서 받는 스트레스도 크고, 그 자리에 오르기까지 승진 경쟁에서 살아남기 위해 일에 모든 걸 바치다 보니 가족 간의 소중한 사랑을 잃어버렸다는 느낌이 들 때도 있다.

그러나 모든 경영자들이 이렇게 느끼는 것은 아니다. 일이 인생의 전부라고 생각하는 사람에게는 경영자가 된 것 자체에 대한 만족도가 무척 높다. 게다가 사람들 위에서 지도력을 발휘할 수 있는 즐거움이 있으며, 경영 그 자체를 즐거워하는 사람도 있다.

그런데 최근에 눈에 띄는 현상은 경영책임을 져야 하는 것에 대한 사람들의 거부감이다. 요즈음 경영자들은 경영 환경이 어려워지면서 도산과 경영부진에 대한 책임을 져야 할 경우가 많다. 또 부하가 잘못한 일에 대한 책임도 져야 하며, 사고가 나면 주주 대표 소송의 희생자가 되어야 할 때도 있다. 게다가 주주 발언권이 높아지고 있기 때문에 주주들의 비위도 맞추지 않을 수 없다. 따라서 경영자의 자리를 꺼리는 사람이 늘어나는 것도 이상한 일은 아니다.

실제로 40대의 젊은 임원을 대상으로 실시한 앙케이트 조사에 따르면, '큰 나무의 그늘' 보다는 '중소기업이나 벤처기업의 톱' 을 선호하고 있다. 이들은 대기업의 평범한 임원으로 끝나기보다는 스스로 오너가 되어 회사를 경영하는 희망을 품고 있는 것이다. 40대의 젊은 임원들에게 지금 20대로 되돌아간다면 무엇을 하고 싶냐고 질문을 하자, 중소기업이나 벤처기업의 경영자가 되거나 스스로 창업하겠다는 답변이 60퍼센트로 제일 많았다.

이제 대기업의 인사정책은 전환점에 있다고도 할 수 있다. 과거에는 우수한 젊은이가 대기업에 취직하기를 희망했지만, 최고경영자가 되려면 치열한 승진 경쟁에서 살아남아야 한다는 이유 때문에 요즘에는 매력을 잃고 있다.

요즈음 젊은이들은 비교적 쉽게 직장을 옮긴다. 중졸·고졸·대졸의 신입사원 가운데 70퍼센트, 50퍼센트, 30퍼센트가 3년 이내에 회사를 그만둔다고 하여 '7·5·3'이라는 말이 유행할 정도다. 과거에는 누구도 그만두려고 하지 않았던 대기업과 정부기관에서도 퇴직하려는 젊은이들이 줄을 잇고 있는 실정이다. 이들 중에는 퇴직 후 곧바로 다른 곳에 취직하지 않고, 아르바이트를 하면서 새로운 창업을 준비하는 사람들도 있다.

대학에서도 그런 조짐이 있다. 취직률이 가장 높았던 경제학부나 경영학부의 인기가 떨어지고, 자격(법무직)증을 딸 수 있는 법학부의 인기가 높다. 또 가장 실력이 좋은 학생이 몰리는 곳은 의학부이다. 고교생들도 변호사나 의사가 되면 고소득자가 될 수 있다는 사실을 잘 알고 있기 때문이다.

국가경제의 장래는 기업의 활력에 달려 있다. 기업이 좋은 인재를 확보하지 못하면 국가경제의 미래는 밝지 않다. 따라서 젊은

이들이 매력을 느끼며 기업에서 근무할 수 있는 사회를 만들어야

할 필요가 있다.

일류 경영자가 밝히는 인생관과 세습

이번 조사에서 응답을 가장 많이 해준 부류가 역시 기업경영자였다. 우리들이 인터뷰했던 경영자는 대부분이 당대에 부를 축적한 사람이었다. 그런 기업경영자가 들려주는 인생관을 몇 가지 소개한다.

이야기 하나 _ 일류 경영자는 육체적·정신적으로 건강하다

어느 상장기업을 당대에 창업한 한 경영자는 어떤 상황에서도 육체적·정신적 건강을 유지하는 것이 매우 어렵지만 중요한 일이라고 했다.

그는 2차 세계대전이 끝나고 얼마 지나지 않아 자전거 한 대로 행상을 시작해, 지금은 업계 2위의 상장기업으로 회사를 키웠다. 하지만 그 과정이 그렇게 순탄한 것은 아니었다. 창업한 지 십 년이 조금 지났을 때 오일 쇼크가 일어났다. 거래하던 많은 기업이 경영상 어려움을 겪었고, 그 가운데는 돈을 빌려달라는 기업도 있었다. 그럴 때마다 몇 번인가 그 기업에 돈을 빌려주었더니 어느새 받아야 할 돈이 모두 6억 엔이나 됐다. 하지만 그래도 그 기업은 돈을 더 빌려달라고 했다.

그는 더 이상은 안 되겠다 싶어 채권자를 모두 모아 "지금 이대로 회사를 도산시킬 것인지, 아니면 경영을 내게 맡길 것인지를 선택해 달라."고 했다. 채권자들은 모두 그에게 경영을 맡기는 것에 동의했다. 하지만 그 순간, 그는 막대한 채무를 떠안게 됐다. 그 기업에는 장부에 기재되어 있지 않은 막대한 채무(부외채무)가 있었던 것이다.

다음날부터 그는 매일 어음 결제를 위해 2개 은행을 왕복하는 일이 많았다. 게다가 원래의 경영자가 폭력단을 데리고 와 채권자와 함께 도저히 받아들이기 어려운 요구를 하는 일도 있었다. 또 하루 종일 방에 감금된 적도 있었다.

어쨌든 그는 지금의 화폐 가치로 100억 엔에 이르는 돈을 갚았다고 한다. 그는 포기하지 않고, "이상적인 회사를 만들고 싶다"는 일념으로 20년에 걸쳐 차입금을 모두 갚았다.

이야기 둘 _ 약삭빠르게 살 필요는 없다

대부분의 고소득자들은 '일류 대학 출신'이라는 것과 '약삭빠르게 처신한다'는 것이 그다지 중요하지 않다고 생각한다. 어떤 고소득자는 "당신의 좌우명은 무엇입니까?"라고 묻자, "뿌리처럼 둔하게 움직인다"라고 대답했다. 그들은 '약삭빠름'과는 거리가 먼 '성실'이라는 말을 자주 사용했다. 자신이 창업한 회사를 업계 2위의 상장기업으로 키워 낸 경영자는 다음과 같이 말한다.

"모두가 할 수 있는 일이라도 그 누구도 할 수 없을 때까지 계속하면, 그것은 커다란 힘이 된다."

그는 2차 세계대전이 끝나고 얼마 되지 않아 도쿄에 상경해 아파트 생활을 시작했다. 이 아파트는 매우 낡아 겨울에는 외풍이 세서 잠을 제대로 잘 수 없을 정도였다. 그러나 아파트 주인은 친절한 사람이어서 마음에 들었다. 그래서 그는 매일 아침 아파트 주변을 청소할 때 아파트를 빌려준 주인에게 고마워하는 마음으로 주인집 대문 앞까지 청소를 했다고 한다.

어느 날 그의 변함없는 성실함에 감동한 집주인이 찾아와 아파트를 사라는 말을 했다. 그 아파트는 도쿄의 중심가로 많은 대기업들이 눈독을 들이던 곳에 있었다. 그가 땅을 살 만한 돈이 없다고 하자, 집주인은 거의 공짜에 가까운 돈만 받고 나중에 천천히 갚는 조건으로 그 땅을 넘겨주었다고 한다. 지금 그 토지는 어느 단체의 일본 주재 사무소로 임대되어 있다. 이 일을 두고 그 경영자는 다음과 같이 말했다.

"나는 많은 어려움을 경험했지만, 그것을 극복할 수 있는 행운을 누렸다. 그런데 그런 행운을 가져다준 것은 나의 재능도 아니고 능력도 아니다. 그것은 나에 대한 주위 사람들의 신뢰였다고 생각한다. 세상에는 훌륭한 학력과 지위를 갖고 있어도 그런 행운을 누리지 못하는 사람이 매우 많다. 그들 대부분은 자신의 힘을 과신해 약자를 밟아버리려고 하기 때문에 그런 행운을 누리지 못하는 것이다."

이야기 셋 누구가가 하지 않으면 안 되기 때문에 한나

의료용 고무 호스 제조회사를 설립해 지금은 세계 굴지의 대기업으로 키워 낸 사장의 이야기는 매우 흥미진진했다.

그는 2차 세계대전이 끝나고 얼마 지나지 않아 자전거 타이어를 만들기 시작했다. 당시에는 기존의 자전거 제조 회사들의 생산 시설이 거의 파괴된 상태였기 때문에 자전거를 만들기만 하면 금

세 팔렸다고 한다. 그런데 그 뒤 기존의 자전거 회사들이 다시 생산을 시작하면서 매상이 감소하자, 그는 드럼통의 패킹을 만들기 시작했다. 처음에는 순조롭지 않았지만, 한국전쟁이 일어나 경기가 매우 좋아지자 물건이 팔리기 시작했다. 그러나 그 뒤 경기가 악화돼 많은 기업들이 도산하기에 이르렀다.

그는 "왜 이렇게 도산하는 기업이 많은 것일까"를 생각해 보았다. 기업들이 경기가 좋을 때 밖에서 돈을 빌려 사업을 늘리기만 한 결과, 본업에 투자할 자금을 조달하지 못한 것이 원인이라는 생각이 들었다.

그래서 그는 "나밖에 만들지 못하는 것을 만들어 본업에 충실하자."고 결심하고, 당시에는 아직 아무도 손을 대지 않았던 의료용 고무 호스 제조에 평생을 걸게 된 것이다. 사실 의료용 고무 호스는 지금도 1개에 5~10엔 정도이기 때문에 채산을 맞출 수 있는 분야라고 생각하기 힘들다.

"당시에 채산을 맞출 수 있을 것이라고 생각했습니까?"라는 질문에 그는 다음과 같이 대답했다. "전혀 그렇지 않았습니다. 다만 나는 다른 누구도 하지 않는 것을 해보고 싶었기 때문에 결단을 내린 것입니다. 당시는 하루 종일 이 일(의료용 고무 호스 제조)만을 생각했습니다. 약 4년 동안 연구해서 종래의 천연고무와 다른 합성고무 제조에 성공했지요. 그 뒤 의료계에서 이 호스에 대한 수요가 급격히 늘어나면서 경쟁사도 30개 정도로 늘었습니다. 하지만 이 업계는 새로운 소재와 형상이 계속 필요하고 경쟁도 치열하기 때문에 경쟁사는 이내 4~5개로 줄었습니다. 지금은 전세계 제조

회사들로부터 새로운 상품 의뢰가 들어오고, 세계 의료업계 사람들이 무엇을 원하는지를 알 수 있는 수준이 되었습니다.”

일류 경영자가 희망하는 세습이란

이미 소개한 것처럼 고소득자가 부모와 똑같은 직업을 선택하는 비율은 매우 높다. 특히 기업경영자에게는 자녀가 사업을 이을 것인가 잇지 않을 것인가가 커다란 관심사이다. 그런데 이런 사업계승 문제를 떠나서, 고소득자인 부모가 살아가는 방식을 좇는 것이 일류 경영자에게는 더욱더 중요한 것 같다. 이에 대해 여러 경영자를 인터뷰한 내용을 잠시 소개하고자 한다.

이야기 넷 _ 아버지 뒤에서 보고 배운다

앞에서도 잠깐 언급한, 자전거 한 대로 행상을 시작해 지금은 상장 기업의 사장이 된 어느 창업자는 아버지를 ‘겁치장이라고는 알지 못하는 사람’이었다고 회상했다.

그의 아버지는 2차 세계대전 전에 리어카를 끌고 도쿄에서 채소를 팔러 다녔다. 하지만 그가 세상 물정을 알 만큼 성장했을 때에는 이미 제법 많은 자산을 축적해 아무것도 하지 않고 집에 계셨다고 한다. 그런데 어느 날 그의 아버지에게 항아리를 팔아보겠느냐는 의뢰가 들어오자, 조금도 주저하지 않고 항아리를 리어카에 싣고 팔러 나갔다. 얼마 뒤 항아리는 날개 돋친 듯 팔려 그의 아버지는 재산을 더 많이 모았다.

그러나 1945년 3월 9일의 도쿄 대공습으로 가재도구는 모두 불타고, 시골로 강제 소개되었다. 하지만 그의 아버지는 불평 한마디 하지 않고, 그곳에서 처음부터 다시 장사를 시작했다고 한다.

이 창업자는 "다음 세대에 남겨주고 싶은 것, 그것은 살아가는 방식입니다. 내가 아버지의 뒤에서 보고 배우며 지금까지 살아온 것처럼 말입니다."라고 밝혔다.

이야기 다섯 _ 자식은 부모가 생각한 대로 크지 않는다

부모와 같은 직업의 길을 걷게 되어도, 다른 사람을 대하는 정신까지 물려받는 것은 불가능하다는 어느 경영자의 얘기를 해보겠다. 그는 학생 시절부터 회사를 창업해 당대에 연간 매출이 50억 엔 이상이 되는 회사로 키워 낸 사람이다. 그러나 그가 훌륭하게 키워 낸 것은 회사뿐만이 아니었다. 그의 자녀는 최고 명문 대학교 의학부를 졸업하고 그곳 대학병원에 근무하는 의사였다. 그는 아들이 재학 중일 때의 일을 다음과 같이 회상했다.

"아들을 키울 때는 즐거웠습니다. 유명한 프로 복서를 키우고 있는 것 같은 기분이었지요. 공부를 시키면 시킬수록 성적이 점점 더 올라갔기 때문입니다."

그런데 이 아들이 불쑥 의사를 그만두고 사업을 이어받고 싶다는 얘기를 꺼냈다고 한다. 그래서 그는 주저하지 않고, 제1선에서 물러나 아들에게 사업을 물려주었다. 하지만 그는 지금 조금 후회가 되는 점이 있다고 했다.

"아들 교육에 실패했다고 생각되는 점이 있습니다. 바로 승자의 교육밖에 시키지 않았다는 점입니다. 그래서인지 우리 아들은 약

자를 배려하는 마음이 부족합니다.”

그가 젊었을 때부터 사업을 성공시킬 수 있었던 가장 큰 요인은 친구와 아는 사람들의 도움이 있었기 때문이라고 한다. 그리고 그는 학생 때부터 다른 친구와 아는 사람들에게 아까워하지 않고 베풀려는 마음이 있었다고 한다.

아들에게 ‘약자를 배려하는 마음씨’를 가르쳐 주지 못한 것을 아쉬워하는 그의 모습이 매우 인상적이었다.

4장

상류계급

상류계급이 늘고 있다

이 책의 주요 관심은 고소득자인데, 높은 소득을 올리는 사람은 일반적으로 사회에서 상류계급에 속하게 된다. 하지만 높은 소득을 올리지 않으면서도 상류계급에 속하는 경우도 있다. 대표적인 예는 2차 세계대전을 겪으면서 '몰락 귀족'이 되어 저소득에 시달리는 사람들이다.

상류계급에 대해 논의하기 위해서는 우선 계급이란 무엇인가를 명확히 해둘 필요가 있다. 상류계급이 있다는 것은 중류계급과 하류계급도 있다는 것을 뜻하기 때문에 계급이 무엇인지부터 알아야 한다. 일반적으로 정의하면, '계급'이란 소득, 생활수준, 교육, 직업, 지위, 정치사상, 생산요소의 보유 상황, 문화자본의 정도 등 사회경제와 관련된 변수로 사람들을 구별할 때 동일한 특색을 공유하는 사람들의 집단이다.

어느 변수를 기준으로 삼는가에 따라 다양한 계급이 생겨난다. 예를 들어, 교육을 기준으로 삼으면 지식계급(인텔리)과 비지식계급이 생긴다. 직업과 지위를 기준으로 하면, 관리·전문직계급과 생산노동자계급이 생긴다. 소득을 기준으로 하면, 부유계급과 중간계급 및 빈곤계급이 생긴다.

생산수단과 생산양식에 주목하는 경제학에서는 경제학의 아버지라 불리는 애덤 스미스의 분류를 살펴볼 필요가 있다. 그에 따르면, 생산에 기여하는 토지, 자본, 노동 같은 생산요소에 대가로 지불되는 지대, 이윤, 임금을 얻어 생활하는 사람들의 계급이 생겨난다. 마르크스주의의 입장에서는 생산수단을 보유하는 자본가계급과 이 계급에 고용되어 착취당하는 노동자계급이 있다. 마르크스 학파의 이런 계급대립 사상은 나중에 사회주의 사상의 기초가 되었다.

한편 사회학에서는 막스 베버가 시장을 중심으로 한 다른 계급 개념을 제시했다. 그는 사람들의 신분과 당파에서도 계급을 고려했다. 베버의 논의에서는 관료가 지배계급으로서 군림하는 모습으로 묘사된 점이 특징이다.[18]

미국 사회학자들은 마르크스주의에 대한 거부감 내지 교조주의 사상에 대한 저항으로 '계급'이라는 단어를 쓰지 않고 '계층'

이라는 말을 쓰고 있다.[19] 계급은 파급 영향력이 너무 크기 때문에 약간 온건한 느낌을 주는 계층이라는 단어를 쓰는 것이다. 일본의 대표적 사회학자인 토미나가 켄이치도 계층이라는 단어를 즐겨 사용했다.

토미나가는 사회계층론이 계급(비경제 권력), 신분(사회적 위신), 당파(정치적 권력)의 세 가지에서 생기는 것으로 보고, 베버의 다원론을 계승했다. 이런 다원론은 소득, 교육, 직업이나 위신이라는 세 가지 변수로 표현될 수 있다. 한편, 토미나가의 사회학에서는 베버의 경우와는 달리 계급이라는 단어가 그다지 사용되지 않고 있다. 대신에 소득, 교육, 직업에 주목한 계층이라는 단어가 주로 사용된다.

그러나 마르크스주의에 입각한 사회학은 당연히 계층보다 계급이라는 단어를 즐겨 사용한다. 따라서 계급과 계층의 차이는 마르크스학파와 비마르크스학파의 대비로 바꿔 생각해도 좋다. 경제학에서도 마르크스학파와 비마르크스학파(근대경제학파)의 대립이 있지만, 대부분의 사회주의 국가가 사라짐에 따라 이런 대립은 이제 별 의미가 없다.

이 책에서는 비마르크스주의 사회학의 전통을 무시하는 것은 아니지만, 계급이라는 단어를 사용하기로 한다. 물론 이 장에서의 주요 관심이 경제학만으로 한정되어 있다면, 마르크스주의와 비마르크스주의의 입장을 명확히 할 필요가 있을 것이다. 하지만 꼭 경제학에 한정된 내용이 아니기에 계급과 계층의 차이에는 그다지 주목하지 않았다. 여기서 살펴보는 계급은 소득뿐만 아니라 교육과 직업에도 주목하여 구분되는 계층의 의미까지 포함하고 있다.

사회계층 내지 사회적 지위에 주목했을 경우 한 가지 중요한 사실이 있다. 바로 지위의 비일관성이다. 사회계층을 결정하는 소득, 교육, 직업위신의 세 가지 변수는 의외로 상관도가 높지 않다. 예를 들어 교육과 직업위신이 높고 소득도 많은 사람이 있지만, 소득이 낮아도 직업위신은 높은 사람이 있다.

예를 들어, 한 나라에 수상과 장사에 성공한 사람이 있다고 하자. 수상은 교육은 말할 것도 없고 직업위신도 높다. 그러나 소득은 일반인보다 많을지는 몰라도 그다지 많지는 않다. 그런데 성공한 상인 중에는 교육과 직업위신은 낮으면서도 소득은 매우 높은 사람이 많다. 이런 예들은 소득, 교육, 직업위신이라는 세 가지 지위 변수 모두가 높은 사람 또는 모두 낮은 사람은 그다지 많지 않음을 보여준다.

사회학에서는 세 가지 모두 높은 층을 '상위 1분위층', 모두 낮은 사람을 '하위 1분위층', 세 가지 요소의 상관도가 낮은 층을 '비일관층'이라고 부른다. 〈그림 4-1〉은 과거 일본에서 이런 3개 층에 해당되는 사람이 각각 차지하는 비율을 보여 준다.

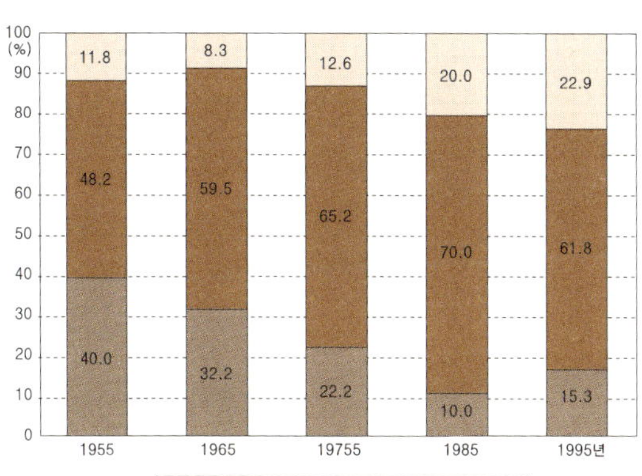

〈그림 4-1〉 계층 클러스터 구성의 변화

또한 이 그림은 여러 가지 흥미 있는 사실을 제공한다.

첫째, 1955년부터 1985년까지는 '비일관층'의 비율이 48 퍼센트에서 70퍼센트까지 높아지고 있다. 한편 '하위 1분위 층'은 1955년에는 40퍼센트나 됐지만, 1985년에는 10퍼센트 로 떨어졌다.

'비일관층'이란 소득은 높지만 직업위신이 낮거나, 거꾸로 소득은 적으나 직업위신이 높은 것을 가리킨다. 이런 사람을 중간층이라고 부르면, 일본은 1950년대 이후부터 1985년에 걸쳐서 중간층 비율이 상당히 높아져 주류가 됐다고 할 수 있다.

둘째, '하위 1분위층'의 지속적인 감소는 소득, 교육, 직업위신의 모든 면에서 낮은 수준에 있던 사람들의 비율이 낮아지고 있음을 뜻하기 때문에 모든 측면에서 하층계급이라 불리는 사람의 수는 감소했다. 소득, 교육, 직업위신 중 한 개 또는 두 개에서 하층계급이 아닌 사람의 수가 늘어났다는 것을 반증한다. 이런 현상은 바람직한 것으로 이른바 비참한 하류계층 사람들이 줄어들고 있다는 것을 뜻한다.

셋째, '상위 1분위층'은 1965년 이후에 계속 상승해 1995년에 23퍼센트에 달했다. 소득, 교육, 직업위신 등 세 가지 모두 높은 수준을 유지하는 사람이 점점 많아지고 있음을 의미하는 것이다. 그런데 1995년에는 '하위 1분위층'이 1985년의 10퍼센트에서 15.3퍼센트로 증가해 하층계급의 비율도 높아지고 있다. 이것이 현재 일본의 계층 분화를 상징하고 있다고 할 수 있다.

이 책에서는 일부 층이 모든 면에서 상류계급으로서의 조건을 충족하고 있으며, 그 비율이 점점 높아지고 있다는 데 주목하고자 한다. 이런 상류계급에 관해서는 조금 더 상세히 논의할 필요가 있다.

계급의 변천사

토미나가의 분류에 따르면, 2차 세계대전 전의 계급은 다음과 같은 8가지로 나눌 수 있다. (1) 귀족계급, (2) 자본가계급, (3) 신 중간계급 (4) 지주계급, (5) 농민계급, (6) 도시 구 중간계급, (7) 노동자계급, (8) 도시 하층계급 등이다.

이 계급들 중에서 2차 세계대전 후에 거의 소멸된 계급으로 귀족계급과 지주계급이 있다. 귀족계급이란 황족이나 신분이 높은 사람들을 가리키는 말로, 현재에는 천황을 중심으로 한 황족을 제외하면 거의 소멸되었다. 지주계급에서도 2차 세계대전 후의 농지개혁으로 대지주는 소멸되었다. 하지만 소지주는 지금도 존속하기 때문에 귀족계급만큼의 격변을 겪지는 않았다. 거품경제 시기에는 이런 지주계급이 고자산가로 등장하기도 했다.

2차 세계대전 이후의 계급은 어떻게 발전해 왔을까. 토미나가가 주장한 8종류의 계급 가운데 귀족계급과 지주계급은 그 비중이 크게 줄어들었다. 하지만 중간계급의 존재는 그 비중이 커졌다. 이런 중간계급이 구체적으로 어떤 사람들을 가리키는가에 대해서는 여러 학설이 있다. 지난 수십 년 동안 다양한 사람들이 계급에 대한 논쟁을 되풀이해 오고 있는 실정이다.[20]

2차 세계대전 전에는 이른바 상류계급과 하류계급의 구분이 확실했고, 그들 사이의 사회·경제적 격차가 매우 뚜렷했다. 또 이들은 지주계급과 소작인계급, 그리고 자본가계급과 노동자계급으로 대비되기도 했다. 토미나가(1990)가 지적한 것처럼 상업과 소규모 공업을 하는 자영업자와 기업에서 근무하는 화이트칼라층과 같은 중간층도 있기는 했다. 하지만 이들은 자본가와 노동자, 지주와 소작인의 대비와 비교하면 사회적 영향력이 그다지 크지 않은 조용한 중간층이었다.

2차 세계대전 이후에는 고도 성장기를 맞아 산업구조에도 큰 변화가 있었다. 특히 기업에서 근무하는 사람들이 급증함에 따라 사무와 관리직에 취직하는 사람들이 많아져 중산층이 대량으로 탄생하게 되었다. 그리고 이들은 낮지도 높지도 않은 평균 소득액을 벌었기 때문에 중간계급이라고 불리게 되었다.

그런데 이런 신 중간층 중에서도 엘리트 층과 비엘리트 층의 차이가 명확해지게 되었다. 이런 격차를 결정하는 것은 학력이다.

이미 1920~30년대부터 그런 징후가 있었다는 주장도 있다.[21] 당시 광산·섬유·조선·상업·금융 등의 대기업에서 근무하는 화이트칼라는 기술과 관리에 대한 지식이 풍부한 사람들이어야 했다. 따라서 대학을 졸업한 엘리트들이 이 자리를 채웠고, 이들이 주로 나중에 간부가 되었다. 이런 구조는 산업의 고도 성장기를 맞아 한층 더 심화되었다. 즉 신 중간층 가운데서도 엘리트 층과 비엘리트 층의 대비가 한층 더 명확하게 된 것이다. 비엘리트 층은 기업 안에서 승진할 수 없거나 승진이 늦은 층으로 소득도 그다지 높지 않았다. 하지만 엘리트 층은 기업에서 관리직이나 전문직에 근무하면서 소득도 비교적 높았다.

비마르크스파들이 제기한 신 중간계급론에 대하여 좀더 논의해 보자. 무라카미는 자신의 생활정도가 '중'이라고 응답한 사람이 90퍼센트 안팎에 이르는 일본은 이제 대다수가 중간층인 대중사회로 진입했다고 주장했다. 그런데 이 주장에 대해 다양한 논쟁이 세기됐다. 예를 들어 신 중간층 가운데서도 격차는 엄연히 존재한다는 비판이 일어난 것이다.[22]

토미나가는 이미 설명했던 지위의 '비일관성'에 관한 주장을 바탕으로 중간계급도 모든 면에서 질적으로 다른 중간층들이 섞여 있기 때문에 이들을 하나의 중간층으로 보기 어렵다고 비판했다.

이 책의 주요 관심은 상류계급에 있기 때문에 신 중간계급 논쟁은 더 이상 다루지 않겠다. 하지만 2차 세계대전 이후 일본 사회에서 각각의 계급에 어떤 사람이 속하고 있는가는 명확히 해두려 한다. 이것과 관련해서 하시모토 겐지는 다음과 같은 4개의 계급을 주장했다. (1) 자본가계급(9.2%), (2) 신 중간계급(23.5%), (3) 노동자계급(45.4%), (4) 구 중간계급(21.9%). 괄호 안의 숫자는 1995년의 인구구성비이다. 이 분류는 마르크스적 계급론에 약간 바탕을 두고는 있지만, 하나의 지표로서 가치는 있다.

이런 계급론을 떠나 직업 또는 지위에서 인구 분포가 어떻게 변했는가를 살펴보면, 농업인구의 대폭적인 감소, 일반 고용자의 급증을 특징으로 들 수 있다. 자료에 따르면, 중역과 임원 비율은 1955년에 5.1퍼센트에서 1995년에 9.2퍼센트로 소폭 증가했다. 경영자층이 약간 증가한 것은 중소기업의 경영자층이 증가했기 때문이라고 생각된다.

하시모토의 분석에 따라 자본가계급, 즉 상류계급의 특성을 간단하게 설명해 보자. 이들의 학력 구성은 36.4퍼센트가 고등교육 출신이며, 중등교육 출신은 47.4퍼센트나 됐지만, 의무교육밖에 받지 못한 사람도 16.2퍼센트나 됐다. 이는 반드시 높은 교육을 받아야만 상류계급이 되는 것은 아니라는 것을 보여 준다.

이들의 소득은 1,294만 엔으로 다른 계급보다 높지만, 그렇게 극단적으로 많은 금액은 아니다. 다만 자산보유액이 많다는 것이 눈에 띄며, 실물자산은 7,541만 엔, 금융자산은 3,658만 엔으로 다른 계급보다 상당히 높다. 자가(自家) 소유 비율도 86.7퍼센트로 높으며, 여러 가지 내구재 보유 비율도 매우 높다. 당연한 일이지만 생활 만족도는 70.8퍼센트로 다른 계급보다 현저하게 높다.

1950년대 이전의 고소득자

1950년대 이전의 고소득자는 다음과 같은 두 가지 유형으로 나뉜다. 대토지 소유자 및 재벌과 같은 대자본가다. 2차 세계대전 전(1950년대 이전)의 일본은 일부 지주가 넓은 면적의 토지를 소유했고, 소작인이 그 토지를 빌려 농사를 지었다. 산업계에서는 일부 대자본가가 기업의 주식을 대량으로 보유함으로써 산업을 지배했다. 이런 사람들의 소득액과 자산보유액이 거액이었다는 것은 두말할 필요도 없다.

타니자와(1992)의 연구를 통해 2차 세계대전 전의 일본 고소득자에 대해 살펴보면 다음과 같다.

첫째, 대자본가계급은 도쿄와 오사카 등 대도시에 살고 있었고, 지방에는 대지주가 살고 있었다. 따라서 고소득자는 대도시와 지방에 분산되어 있었다.

둘째, 고소득자의 상위층은 재벌 기업의 오너와 같은 대자본가가 차지했다. 이 사람들은 전국 순위에서도 상위를 차지했다. 이들의 소득액이 어느 수준이었는가 하면, 1936년에 최고 소득자였던 미쓰이 다카마쓰는 화이트칼라인 일반 회사원의 연봉의 몇천 배에 이르는 소득을 올리고 있었다. 현재 재벌의 최고 소득액이 30억 엔이라고 해도, 연봉 400만 엔의 보통 회사원과 비교할 때 740배에 불과하다. 그러므로 2차 세계대전 이전의 고소득자는 엄청난 소득을 올리고 있었음을 알 수 있다.

2차 세계대전 이후에는 미국 점령군의 개혁으로 농지개혁과 재벌해체가 이루어졌다. 이에 따라 대토지 소유나 재벌에 의한 주식의 대량 보유도 없어져 이런 사람들의 소득은 크게 줄어들었다.

세제가 소득을 변화시킨다

이제 2차 세계대전 이후에 고소득자의 구성이 어떻게 변했는지 살펴보자.

〈표 4-1〉은 1960년대에 소득이 1억 엔 이상인 사람 수의 변화를 보여 준다. 무엇보다 눈에 띄는 것은 1968년에서 1969년에 걸친 1년 사이의 변화다. 소득 1억 엔 이상인 인구가 61명에서 664명으로 거의 10배가 늘어났다. 이것은 토지에 관련된 세제개혁이 사람들의 소득을 크게 바꾸었기 때문이다. 1969년의 664명 중 394명이 도쿄, 142명이 오사카에 살고 있었다. 이들의 소득이 이렇게 갑자기 늘어난 것은 토지세제 개정 때문이었다.

〈표 4-1〉 1960년대 소득이 1억엔 이상인 사람

연도	사람 수	연도	사람 수
1960	15	1961	14
1962	26	1963	32
1964	37	1965	27
1966	33	1967	49
1968	61	1969	664

과거에 토지 양도소득은 그것의 2분의 1을, 급여와 배당 등 다

른 소득과 합산해 최고세율 75퍼센트로 납세했다. 하지만 개정된 세법에서는 토지 양도소득을 10퍼센트의 분리과세율로 납세하게 됐다. 이것은 토지 매매를 촉진하기 위해 세 부담을 낮춰 주는 정책이었다. 이 정책 덕분에 토지 매매가 빈번하게 이루어졌고, 토지 소유자의 소득이 급증했던 것이다.

그런데 1960년대 후반에는 토지 소유자의 소득 증가와 함께 고소득자 중 의사의 비중이 높아졌다. 그리고 그런 현상의 반증으로 기업의 오너 경영자가 고소득자에서 차지하는 비율이 낮아지게 됐다.

1979년에 신문에서 발표된 고소득자 100명 중 경영자는 18명, 대토지 소유자는 53명, 의사는 14명, 기타가 15명이었다. 기타에 해당하는 사람들의 직업란에는 무직이나 교원이라고 적혀 있지만, 토지관계 거래에서 거액의 소득을 올린 것으로 추정된다. 교원이 수억 엔의 급여를 받을 수는 없는 일이기 때문이다. 결국 이 발표에 따르면 100명 중 60명 전후가 대토지 소유자라고 볼 수 있다.

1980년대가 되면 대토지 소유자의 고소득은 더욱 늘어나 고소득자 100명 중 88년에는 77명, 89년에는 70명, 90년에는 63명으로 늘어났다. 동시에 주식으로 부자가 된 사람들도 등장하기 시작해 88년에는 9명, 89년에는 17명, 90년에는 27명으로 증가했다. 이 시기 일본은 이상한 주가와 지가의 상승으로 인한 거품경제 시기였기 때문에 토지와 주식으로 부자가 된 사람들이 많았다. 그런데 전쟁 직후에는 대지주로부터 거의 공짜에 가까운 가격으로 농지를 샀던 소작인들이 거품경제 시기에 그 토지를 팔아 큰 부자가 되는 경우도 많았다.

1990년에 들어오면서 거품경제도 끝나고 일본경제는 불황으로 빠져들었다. 고소득자 명단에서 토지 소유주들의 이름이 사라진 것은 당연한 일이었다. 그리고 새로운 사람들이 등장했다. 그것은 벤처 기업으로 성공한 사람과 파친코나 소비자금융 등 신종 직업에 종사하는 사람들이었다. 물론 옛날부터 고소득자였던 의사들은 여전히 그 자리를 지키고 있었다.

파워 엘리트

지금까지는 상류계급을 정의하는 변수로서 소득을 주로 사용했다. 즉 경제적으로 매우 부유한 사람을 상류계급으로 분류하고, 어떤 직업에 종사하는 사람이 상류계급을 형성하고 있는지를 역사적으로 살펴보았다.

그런데 사회를 실제로 움직이고 있는 사람이 반드시 경제적으로 매우 부유한 것은 아니다. 대기업의 오너 경영자라면 이른바 재계에서 지도적인 역할을 하는 경우가 많고, 나아가 사회와 경제에 대해 커다란 발언권을 갖는다. 원래 오너 경영자뿐만 아니라 전문 경영자 혹은 샐러리맨 경영자도 재계에 속하는 사람들이다.

또 같은 단체에 속해 있어도 대기업경영자의 발언권이 더 강하다. 기간산업과 그렇지 않은 산업, 혹은 근대산업과 그렇지 않은 산업에서 경영자의 발언권도 다르다. 특히 기간산업과 근대산업에 속한 대기업경영자는 사회에서 지도적 역할을 하는 지배계급으로서 자본주의 유지를 위해 보수정권을 지지해오고 있다.

대지주나 의사 같은 고소득자는 확실히 경제적으로 매우 부유하지만, 한 나라를 움직일 정도의 지도력을 발휘하지는 못한다. 대지주는 대체로 자신들의 권익을 지키기 위해 세제에 관한 요구를 하는 정도이다. 의사도 자신들의 권익을 지키기 위해 의사회라고 하는 권익단체를 만들어 압력단체로서 한몫을 하기는 한다. 하지만 이들 의사회의 요구는 대체로 의약에 관한 사항에 한정되어 있다.

한편 사회와 경제를 움직이는 계층으로서 가장 커가란 영향력을 행사하는 계층은 정치가와 관료들이다. 그런데 국회의원과 중앙관청 고위직 공무원들의 소득은 그다지 많지 않다. 특히 관료의 소득은 월급 명세서에서 알 수 있는 것처럼 대기업의 화이트칼라 층보다도 낮다고 할 수 있다.

하지만 이들은 그렇게 많지 않은 소득에도 불구하고 법률을 만든다든지 정책의 실무를 담당한다든지 하여 사회·경제의 방향을 결정하고 있다. 이들 정치가나 관료와 함께 이미 살펴본 재계의 고소득자들이 이른바 파워 엘리트 그룹을 형성하고 있다. 이들은 사회의 엘리트로서, 권력을 장악한 지배계급이다. 그런데 여기서 강조하고 싶은 것은 파워 엘리트의 소득이 반드시 높지만은 않다는 점이다. 대부분의 경영자층은 높은 소득을 올리고 있지만, 적어도 일부의 정치가와 관료들은 그렇게 고소득층이 아니다. 이미 살펴본 '지위의 비일관성'(즉 소득, 교육, 직업위신이 일치하지 않는 특성)은 파워 엘리트층에도 해당되는 것이다.

관료의 소득이 높지 않다는 것에는 반론이 있을 것이다. 사실 고위관료들은 비교적 일찍 은퇴한 뒤 공사, 공단, 민간회사의 고위직에 임용된다. 이른바 낙하산 인사 덕을 보는 것이다. 이때 이들은 높은 연봉과 퇴직금을 받기 때문에 소득으로 보면 상당한 고소득자에 속하게 된다. 하지만 이들도 현역 관료 시절에는 높지 않은 급여를 받고 있는 것만큼은 사실이다.

요즘은 낙하산 인사에 대한 비판이 높아져 고위관료의 소득이 은퇴 후에도 높아지지 않을 가능성이 있다. 게다가 관청이 민간기업을 지배하는 정도도 약화되고 있어 관료들의 힘이 약해지고 있다. 파워 엘리트는 정치가와 재계 인사들로 압축될지도 모른다.

진정한 상류계급은 누구인가

상류계급의 의미는 시대에 따라 변해 왔다. 상류계급이란 신분, 소득, 직업, 권력, 지배력 등으로 정의되지만, 시대에 따라 이런 변수 가운데 어느 것이 중시되는가가 다르기 때문이다. 특히 2차 세계대전 이후에는 신분에 의한 계급차가 없어졌기 때문에 상류계급이 무엇을 뜻하는가는 이제 그렇게 명확하지 않다.

사람에 따라서 고소득을 올리고 있는 사람을 상류계급이라고 볼 수 있으며, 고소득을 올리지는 못해도 사회·경제를 지배하고 있는 사람, 혹은 파워 엘리트를 상류계급이라고 볼 수도 있다. 하지만 이렇게 복잡한 분류 기준 속에서도 오늘날의 대기업경영자, 특히 오너 기업가는 소득, 권력, 지배력을 모두 갖추고 있는 상류계급이라고 볼 수 있다.

5장

부자들의 자산 형성

부자들의 저축률은 높다

미국에서는 소득이 많을수록 저축률이 높다는 연구 결과가 이미 나와 있다.[23] 소득이 많을수록 저축을 더 많이 할 수 있어 더더욱 많은 자산을 축적하게 되는 것이다. 이 장에서는 부자들의 저축 및 소비 패턴을 미국의 연구 결과와 비교해서 살펴보고자 한다.[24]

개인의 저축 및 소비 패턴을 설명하기 위한 유력한 가설로 라이프 사이클 가설이 있다. 이 가설은 개인의 인생 단계에 따른 소비 및 저축에 주목한다. 개인은 현역(근로)기에는 노후에 대비해 저축을 하고, 노후(은퇴 후)에는 그 저축을 소비한다고 상정하는 것이다. 결국 현역 활동기에는 저축률이 높고, 은퇴 후에는 저축을 거의 하지 못한다고 생각하는 것이다.[25] 현재, 일반인들의 생활 패턴에는 이 가설이 잘 들어맞는다.

미국의 연구에 따르면, 연간소득에 대한 가계의 자산 비율은,

이론상(결국 종래의 가설에 바탕을 두고) 30대에 거의 1배이지만, 나이가 들어감에 따라 상승해 60대가 되면 8~10배가 된다고 한다. 그러나 상위 1퍼센트 부자의 자산/연간소득 비율은 30대에 벌써 10배나 되고, 나이가 들면서 상승해 60대에는 40배 이상이 된다고 한다. 결국 미국의 경우에는 종래의 라이프 사이클 가설로는 부자들의 저축 패턴을 설명하기 힘들다.

〈그림 5-1〉 평균적 가계의 자산 구성(일본)

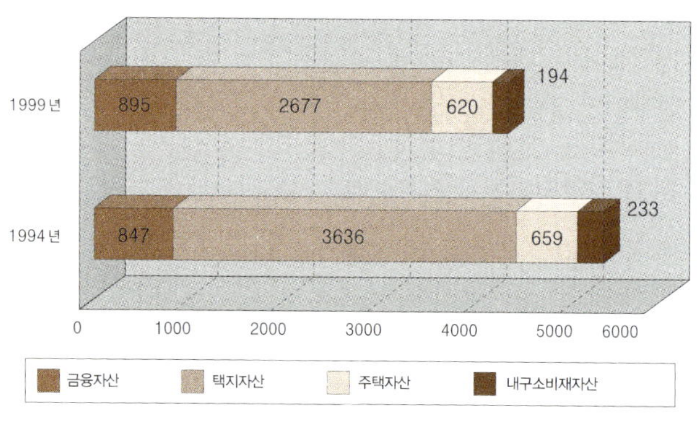

* 자료: 총무성 『전국 소비 실태 조사』(1999년 판)

〈그림 5-1〉은 1999년에 발표된 일본 평균세대의 자산 구성을 그림으로 나타낸 것이다. 1994년에 가계의 평균 자산은 5,375만 엔이었으나, 1999년에는 자산 디플레이션의 영향으로 크게 줄어들어 4,386만 엔으로 감소했다.

다음으로 평균세대의 자산/연간소득 비율을 연령별로 정리한 것이 〈그림 5-2〉이다. 나이가 들어감에 따라 자산/연간소득 비율이 상승해 70세 이상은 1999년에 12배 정도였다. 그런데 이 값은 1989년에 비해 크게 낮아졌는데, 자산 거품이 꺼지면서 지가와 주가가 급락한 것이 크게 영향을 끼쳤기 때문이다. 그러나 고령기에도 자산/연간소득 비율은 10배 정도이기 때문에 종래의 라이프 가설로도 충분히 설명이 된다.

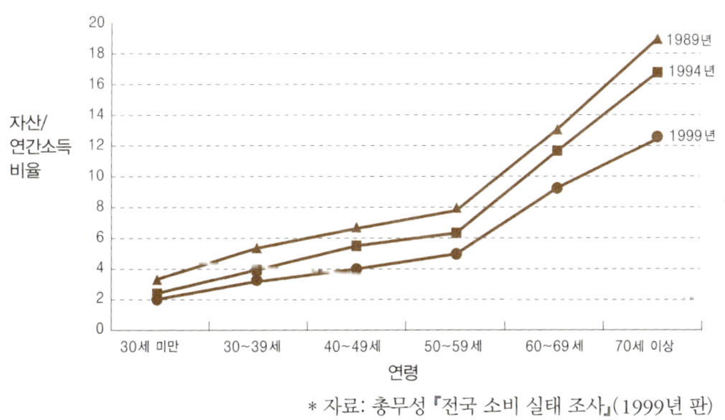

〈그림 5-2〉 자산/연간소득 비율의 변화(일본)

* 자료: 총무성 『전국 소비 실태 조사』(1999년 판)

그렇다면 부자들에 대해서만 한정해서 살펴보면 어떨까. 이번 조사에서 얻은 고액 납세자의 자산/연간소득 비율도 이와 비슷한 결과일까.

이번 설문조사에서 응답한 대부분 고액 소득자들은 연간소득이 대략 1억 엔 안팎이었다. 일본 평균세대의 자산액이 연간소득의 10배 정도이기 때문에 부자들의 자산액도 약 10억 엔 정도가 될 것으로 추정된다. 하지만 응답 결과는 그렇지 않았다(그림⟨5-3⟩ 참조).

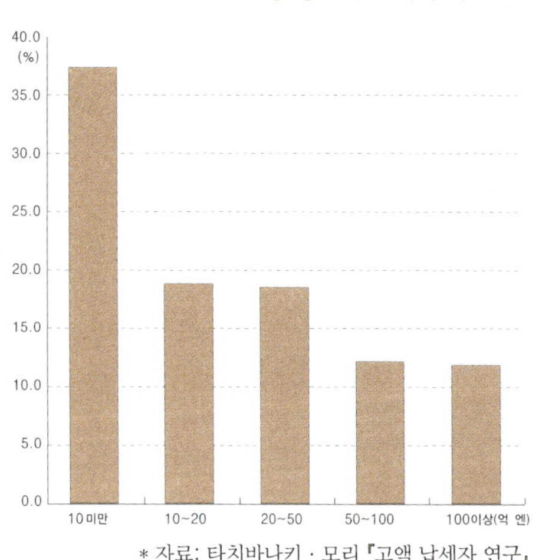

⟨그림 5-3⟩ 고액 납세자 중 응답자 전체의 자산 분포(일본)

* 자료: 타치바나키 · 모리 『고액 납세자 연구』

이번 조사에서 응답한 사람의 평균 자산액은 54억 엔이었다. 이 중에서 100억 엔이 넘는 사람도 10퍼센트나 됐다. 연간소득은 대부분 부자들이 1억 엔 정도였기 때문에 자산/연간소득 비율은 약 54배가 된다. 다시 말해 부자들은 연간소득의 54배나 되는 자산을 갖고 있는 것이다. 평균적인 가계에서는 연간소득의 10배 정도 되는 자산을 갖고 있는 것과 비교할 때 엄청나게 큰 숫자이다.

게다가 연령별 근사곡선을 포함한 산포도를 〈그림 5-4〉와 같이 그려보면, 자산/연간소득 비율이 미국과 마찬가지로 연령이 많아짐에 따라 증가하고 40배 이상이나 되고 있다.

〈그림 5-4〉 고액 납세자의 자산/연간소득 비율(일본)

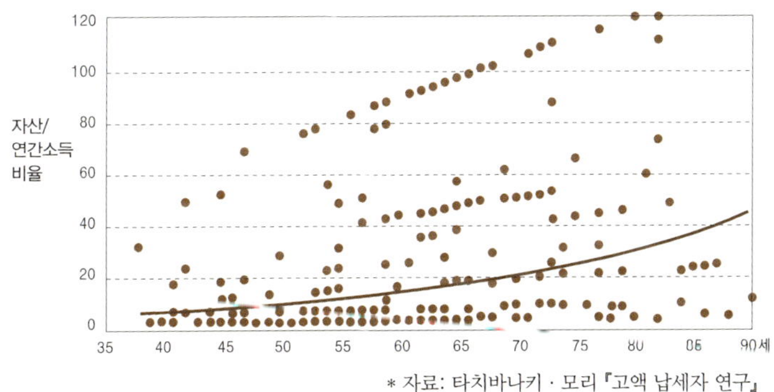

* 자료: 타치바나키 · 모리 『고액 납세자 연구』

그러나 종래의 라이프 사이클 가설로는 이런 커다란 자산/연간소득 비율을 설명하기가 곤란하다. 결국 부자들의 저축 및 소비 패턴을 설명하기 위해서는 다른 모델이 필요하다고 할 수 있다.

유산을 고려한 모델로는 설명할 수 있을까?

개인 자산은 노후에도 증가하는 경향을 발견할 수 있다. 이런 경향을 설명하는 유력한 요인으로는 유산이 있다. 개인은 자신을 위해서만 저축하는 것이 아니라 자녀와 손자에게 유산으로서 자산을 형성해 주기 위해서도 저축한다. 경제학에서 이런 사실을 고찰한 유력한 모델이 '왕조 모델'이다.

왕조 모델이란 개인이 자신뿐만이 아니라 자녀와 손자들을 고려하여 자신의 가정을 하나의 왕조로 보고, 효용(만족도)을 최대화하는 경제행동을 하려는 것이다.[26] 따라서 자녀가 있는 가정은 자녀가 없는 가정보다 저축률이 높으며, 결과적으로 더욱 많은 유산이 형성된다고 생각할 수 있다.

하지만 현실이 과연 그대로일까. 미국에서 이미 행해진 가계 저축 패턴에 관한 연구[27]에 따르면 다음과 같은 두 가지 결과를 얻을 수 있다.

〈표 5-1〉 저축하는 요인으로 '유산'을 거론한 가계의 비율(미국)

	유산을 1위로 거론	유산을 5위까지 거론
가계 전체	3%	5%
상위 1% 부유층	2%	4%

* 자료: Caroll(2000)

〈표 5-2〉 소비가 소득보다 많다는 부유층 가계의 비율(미국)

	소비>소득	소비>소득(올해)
자녀 있는 가정	5%	23%
자녀 없는 가정	0%	0%

* 자료: Caroll(2000)

첫째, '가계 전체'와 '상위 1퍼센트의 부유층 가계'로 나누어 비교했다. 저축하는 이유의 1위로 '유산'을 거론한 가계의 비율은 '가계 전체'에선 3퍼센트, '상위 1퍼센트의 부유층'에선 2퍼센트였다. 또 저축하는 이유로 5위까지 '유산'을 거론한 가계의 비율은 '가계 전체'에선 5퍼센트, '상위 1퍼센트 부유층'에선 4퍼센트였다. 어느 것도 통계적으로 의미 있는 차이는 아니었다. 결국 자녀와 손자를 위해 저축을 한다고 말하기는 어려우며, 특히 유산을 고려한다는 종래의 '왕조 모델'을 부유층에 적용하기도 어렵다.

둘째, 부유층 가계를 '자녀가 있는 가정'과 '자녀가 없는 가정'으로 나누어 소비와 소득의 관계를 비교했다. '자녀가 없는 가정'에선 소비가 소득을 초과한다고 응답한 가계가 거의 0퍼센트였지만, '자녀가 있는 가정'에선 5퍼센트였다. 또 올해에만 소비가 소득을 상회한다고 응답한 가계는 '자녀가 없는 가정'에선 거의 0퍼센트였던 것에 비해 '자녀가 있는 가정'에선 23퍼센트였다. 결국 여기서도 자녀와 손자를 위해 저축한다고 말하기는 어려우며, 유산을 고려한 종래의 모델(왕조 모델)을 적용하기도 어렵다.

그렇다면 일본은 어떨까. 유산을 고려한 종래의 왕조 모델을 검증하려면 일본의 부자들에게도 저축하는 이유에 대해 질문해야 했지만, 이번 조사에서는 포함되지 않았다. 따라서 '왕조 모델이 일본 부유층에게 적용되는가를 검증하는 것' 대신에 부유층 사람들에게 '상속 경험과 자산액 사이에 어떤 관계가 있는가'를 검증하고자 한다.

미국에서 약 20년 전에 『포브스』가 자산액 상위 400명의 부유층 명단을 만들었을 때 전체의 13퍼센트가 명문가 출신이었다. 결국 '출신 성분'이 부유층이 되기 위한 중요한 요소가 되었던 것이다.

바꿔 말하면, 거액의 자산을 축적한 것은 부모로부터 상속받았기 때문이며 상속을 받지 않으면 아무리 열심히 노력해도 자산을 축적할 수 없다는 관점에 서게 된다. 따라서 기업경영자(상장 및 비상장 모두 포함)와 의사를 상속 경험이 있는 그룹과 상속 경험이 없는 그룹으로 나누어, 상속 경험이 있는 그룹의 평균 자산액과 상속 경험이 없는 그룹의 평균 자산액의 차이를 살펴보았다. 결과는 〈표 5-3〉에 요약되어 있다.

〈표 5-3〉 상속 경험별 평균 자산액 (단위: 억 엔)

자산	상속 없음	상속 있음
의사의 평균 자산	17.85	17.92
경영자의 평균 자산	72.69	71.13

* 자료: 다치바나키 · 모리『고액 납세자 조사』

　의사는 상속 경험에 관계없이 평균 자산이 18억 엔 정도이다. 경영자도 상속 경험에 관계없이 72억 엔 정도로 거의 차이가 없다. 나아가 의사 전체의 평균 자산액은 17.88억 엔이며 경영자의 평균 자산액은 71.80억 엔으로 직업 간에는 명확한 차이가 있다.[28] 결국 현재 일본의 고액 납세자의 자산 형성에 부모로부터의 상속 경험은 어떤 영향력도 끼치지 않으며, 오히려 직업이 더 많은 관계가 있다고 할 수 있다.

　이런 사실은 약 20년 전의 일본 상황과 비교할 때 상당한 변화를 보이고 있다. 1980년대 후반에는 거품경제로 인한 미증유의 지가 및 주가 급등이 있었다. 따라서 당시에는 부동산 자산을 '가진 자'와 '못 가진 자'의 격차가 심했다. 이때에는 부모로부터의 상속이 자산 형성에 커다란 영향을 끼쳤다고 할 수 있다.[29] 부모에게 많은 자산을 받았는지 받지 않았는지가 자녀의 앞날에 경제적으로 중요한 역할을 했기 때문이다.

다음으로 부동산 가격의 영향력에 대해 좀더 살펴보자. 1984년도의 『고액 납세자 명단』을 살펴보면, 도쿄의 상위 업종에서 부동산 임대업은 4위를 차지했다. 하지만 2001년부터는 부동산 임대업이 상위 순위에서 빠졌다. 거품경제 붕괴 후, 부동산 가격이 계속 떨어지면서 성공의 법칙이 변했던 것이다.

이상에서 부자의 저축률이 높고 거액의 자산을 축적한 이유를 라이프 사이클 가설과 왕조 모델로는 설명할 수 없음을 알았다. 부자는 일반 사람들과는 다른 경제행동 양식을 갖고 있다고 생각하는 것이 더 좋을 것이다.

자본가 정신 모델

미국의 어느 학자는[30, 31] 저축에 관한 기존 모델이 부유층 가계에 적용되지 않는다고 결론을 내린 뒤, 새로운 '자본가 정신(Capitalist Spirit)' 모델[32]을 제창하고 있다.

자본가 정신 모델은[33] 개인의 효용함수에 부 자체를 포함시키는 모델이다. 결국 부자는 소비와 여유만으로 만족감을 얻는 것이 아니라, 부를 축적하는 것에서도 똑같이 만족감을 얻는다고 생각하는 것이다.

여기서 얻을 수 있는 결론은 매우 흥미진진하다. 자산액이 많아져 저축률이 높아지기 때문에 자산액이 무한대로 되면 저축률은 거의 100퍼센트에 가깝게 된다는 것이다. 즉 자산이 많아지면 많아질수록 더욱 많은 자산 형성을 위해 노력한다는 것을 의미한다.

이 모델을 지지하는 사례로 빌 게이츠가 거론되고 있다.[34] 빌 게이츠는 5조 엔 이상의 자산을 갖고 있는 것으로 추정되고 있다. 연 10퍼센트 수익률을 가정하면 그가 자산을 더욱 불리지 않기 위해서는 연간 5,000억 엔, 하루에 10억 엔 이상의 거금을 소비재 또는 서비스 받는 데 사용해야 한다. 그런 일은 당연히 무리일 것이다. 즉, 빌 게이츠는 자신의 자산액이 거액이라는 것 자체에 효용(만족)을 느끼는 것이다.

이 모델이 부유층의 저축 및 소비 패턴을 어느 정도 설명할 수 있는지에 대해서는 향후 연구 과제로 남겨두고 싶다. 다만 이번 고액 납세자 조사에서 우리가 알아낸 것은 일본 부유층은 보통 사람들과 다른 가치관을 갖고 일상생활을 하고 있다는 사실이다. 다음 장에서는 이에 대해 설명할 것이다.

연령과 자산

앞에서 자산/연간소득 비율의 연령에 따른 변화를 살펴보았다. 여기서는 연령과 소득 및 연령과 자산의 상관계수를 각각 직업별로 구해 보려 한다.

상관계수는 2개 변수의 상관 정도를 나타내는 것으로 마이너스 1에서 플러스 1까지의 값으로 나타낸다. 완전히 정비례 관계라면 상관계수는 1이며, 완전히 반비례 관계일 경우에는 상관계수가 마이너스 1이다. 통상 상관계수는 절대값이 0.2 이상이면 관계가 있다고 해석된다.

우선 소득과 연령에 관한 상관계수를 보면(〈표 5-4〉 참조) 상관관계가 거의 없음을 알 수 있다. 이번 조사에서는 연령이 많아짐에 따라 소득이 늘어나는 현상은 없었다.

다음으로 연령과 자산에 대해 살펴보면(〈표 5-5〉 참조) 소득과 연령의 경우보다 상관계수가 훨씬 높아지고 있다. 특히 의사의 상관계수가 가장 높다. 의사는 나이가 많아질수록 자산도 늘어난다고 말할 수 있다. 상장기업경영자도 상관계수 값이 0.2 이상이지만, p값이 높아 통계적 유의성은 떨어진다. 구체적인 이미지를 그려보기 위해 의사의 경우 연령과 소득 및 연령과 자산의 관계를 나타낸 것이 〈그림 5-5〉와 〈그림 5-6〉이다.

의사 중에는 자산액이 100억 엔 이상인 사람이 2명 있기 때문에 표본의 분산을 쉽게 나타낼 수가 없어 이런 2개의 표본을 없앴을 경우의 산포도를 나타내고 있다. 〈그림 5-5〉를 보면, 연령과 소득 사이에 상관관계가 있다고는 말할 수 없다. 반면 〈그림 5-6〉을 보면, 연령과 자산 사이에는 상관관계가 있어 연령이 많아지면 자산액도 증가하는 것을 확인할 수 있다.

이상을 종합하면, 이번 조사 응답자에서 연령과 소득의 상관관계는 없었다. 반면 연령과 자산 사이에는 의사의 경우에만 연령이 높아짐에 따라 자산도 증가하는 경향을 볼 수 있었다.

원래 경영자란 경기와 시대의 뉴스 변화에 좌우되기 쉬운 직업이다. 젊었을 때

〈표 5-4〉 연령과 소득의 관계

소득과 연령	상관계수	P값
상장기업경영자	0.1700	0.344
비상장기업경영자	0.0253	0.788
의사	−0.0489	0.649

* 자료: 다치바나키 · 모리 『고액 납세자 조사』

〈표 5-5〉 연령과 자산의 관계

소득과 연령	상관계수	P값
상장기업경영자	0.2512	0.165
비상장기업경영자	0.1474	0.123
의사	0.2886	0.007

* 자료: 다치바나키 · 모리 『고액 납세자 조사』

〈그림 5-5〉 연령과 연간소득의 관계(의사)

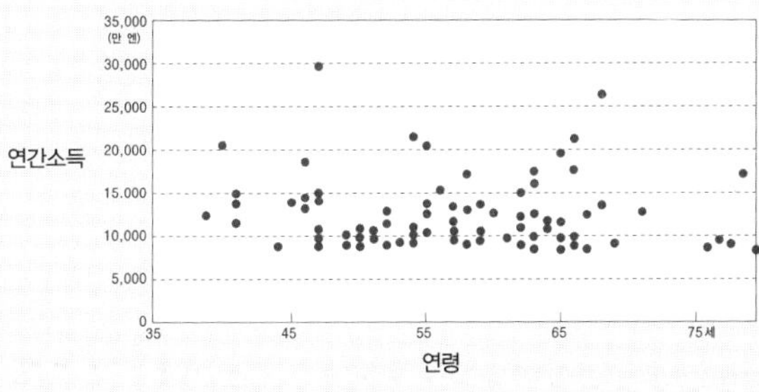

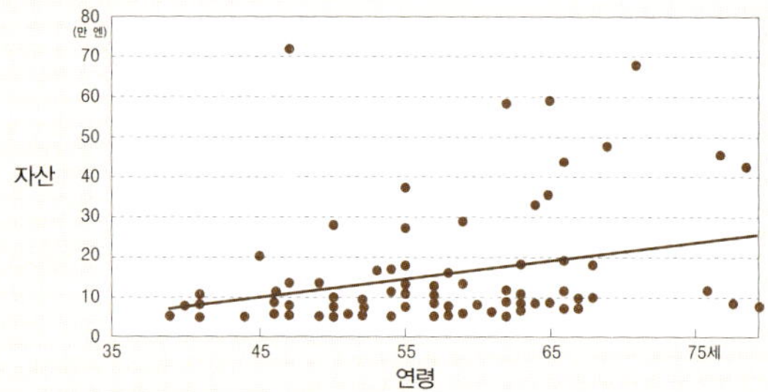

사업에 성공했더라도 그것이 반드시 계속 이어지는 것은 아니다. 반면 의사는 자격에 바탕을 둔 직업이며, 개업해서 어느 정도 환자를 모을 수 있게 되면 의료 사고가 일어나지 않는 한 수요가 계속 이어진다고 볼 수 있다. 바꿔 말하면 경영자는 그만큼 리스크가 높은 직업이라고도 할 수 있는 것이다.

연령과 학력

이번 조사에서 고액 납세자의 직업별 연령 분포를 〈표 5-6〉으로 정리했다. 고소득자의 평균 연령은 62세이며, 배우자의 평균 연령은 58세였다. 직업별로 보면 의사의 평균 연령이 가장 낮아 58세였다. 연대별로 보면 50대(28%)와 60대(29%)가 많았다. 상장 및 비상장 기업경영자는 70대(31%, 23%)가 많았고, 의사는 40대(18%)가 많은 것이 특징이다.

〈표 5-6〉 고액 납세자의 직업별 연령 분포 (단위: 명, 세, %)

직업	표본	세대주 평균 연령	배우자 평균 연령
상장기업경영자	51	63.1	59.5
비상장기업경영자	177	63.7	59.7
의사	130	57.7	53.8
기타	107	62.4	59.0
전체	465	61.7	57.8

직업	표본	39세 이하	40대	50대	60대	70대	80세 이상	불명
상장기업경영자	51	2	14	24	24	31	6	0
비상장기업경영자	177	1	11	25	29	23	8	3
의사	130	1	18	41	28	8	2	2
기타	107	4	13	21	34	18	9	2
전체	465	7	14	28	29	18	6	2

* 자료: 다치바나키·모리 『고액 납세자 조사』

고액 납세자 본인과 부친의 학력을 직업별로 정리한 결과이다. 본인과 부친의 학력은 모두 대졸이 가장 많아 상당한 고학력이었다.

〈표 5-7〉 고액 납세자 본인의 학력 (단위: 명, %)

직업	표본	대학원졸	대졸	고졸	중졸	기타
상장기업경영자	51	8	67	10	4	12
비상장기업경영자	177	7	56	17	6	14
의사	130	28	69	0	0	2
기타	107	18	50	11	4	18
전체	465	16	60	10	3	11

* 자료: 다치바나키 · 모리 『고액 납세자 조사』

〈표 5-8〉 고소득자 부친의 학력 (단위: 명, %)

직업	표본	대학원졸	대졸	고졸	중졸	기타
상장기업경영자	51	0	35	14	14	37
비상장기업경영자	177	2	24	12	19	43
의사	1301	3	57	5	5	29
기타	107	2	36	7	17	38
전체	465	2	37	9	14	37

* 자료: 다치바나키 · 모리 『고액 납세자 조사』

부모와 자녀의 연결고리

일본은 미국과 유럽에 비해 부모와 자녀의 동거율이 높고 부모와 자녀의 연결고리도 강한 편이다. 이번 조사에서도 일본 고액 납세자의 가족구성에 대한 질문을 통해 그와 같은 정황을 알 수 있었다. 그러면 이번 조사에서 명확히 알게 된 고액 납세자의 가족 구성에 관한 개요를 설명해 보겠다.

일본 고소득층 가정의 평균 자녀 수는 2명이다(〈표 5-9〉). 다만 직업별로는 의사의 경우 '자녀가 4명 있다'고 응답한 사람의 비율이 다른 직업에 비해 높은 것이 특징적이었다.

일본 고액 납세자 가정의 자녀 동거율은 약 50퍼센트였다. 특히 30세 이상의 자녀와 동거하고 있는 가정의 비율도 27퍼센트나 됐다(〈표 5-10〉). 일본에서는 다른 선진국에 비해 부모와 자녀의 동거율이 높은 편이다. 현재 65세 이상의 고령자 부모가 자녀와 동거하고 있는 비율은 해마다 감소하고 있지만, 아직도 그 비율이 55퍼센트나 된다고 한다.

〈표 5-9〉 자녀 수(일본) (단위: %, 명)

직업	표본	0명	1명	2명	3명	4명	5명 이상	무응답	평균
상장기업 경영자	51	4	16	41	33	6	0	0	2.22
비상장기업 경영자	177	5	14	36	29	8	5	5	2.21
의사	130	2	12	36	25	19	2	3	2.49
기타	107	13	11	40	26	5	0	5	1.89
전체	465	6	13	37	28	10	2	4	2.22

* 자료: 다치바나키 · 모리 『고액 납세자 조사』

또 자녀가 부모와 동거하고 있는 비율은 30대의 20퍼센트 정도에서 시작해 연령이 많아질수록 비율이 높아지고 있다. 40대와 50대에는 약30퍼센트에 이르고 있다. 이번 고액 납세자를 대상으로 한 조사에서도 자녀와의 동거율은 52퍼센트로 전국 평균값과 거의 비슷한 수준을 보이고 있었다. 하지만 부모와의 동거율은 4퍼센트로 매우 낮은 수준이었다. 이것은 경제적으로 여유가 있기 때문에 그만큼 별거해서 독립하는 사람이 많다는 것을 보여 준다.

〈표 5-10〉 동거 상황(일본) (단위: %)

직업	표본	부모와 동거	자녀와 동거	부모 및 자녀와 동거
상장기업 경영자	51	4	49	4
비상장기업 경영자	177	5	53	3
의사	130	2	52	0
기타	107	4	50	2
전체	465	4	52	2

* 자료: 다치바나키 · 모리『고액 납세자 조사』

그런데 이번 조사에서는 부모와 자녀의 직업 관련성에 대해서도 살펴보았다. 이를 위해 앙케이트 조사 설문에서 고액 납세자 본인, 자녀, 그리고 부모의 직업에 관해 질문을 했다. 그리고 결과를 분석할 때 응답자의 직업을 '상장기업경영자', '비상장기업경영자', '의사', '기타' 등 4개로 나누어, 자녀가 부모와 같은 직업군에 종사할 때를 '세습'으로 정의했다. 결과는 〈표 5-11〉에 나타나 있다.

〈표 5-11〉 세습(일본) (단위: %)

직업	표본	부모와 본인이 같은 직업	본인과 자녀가 같은 직업
상장기업 경영자	51	22	31
비상장기업 경영자	177	50	46
의사	130	38	46
기타	107	8	19
전체	465	34	38

* 자료: 다치바나키 · 모리『고액 납세자 조사』

위의 표에 의하면, 고액 납세자 가정에서는 30~40퍼센트가 부모와 같은 직업을 세습하고 있다. 직업이 비상장기업경영자인 가계에서는 50퍼센트가 부모와 같은 직업을 세습하고 있다.

이번 조사에서는 실제의 상속 경험 및 유산 동기에 대한 질문도 했다. 그 결과는 〈표 5-12〉와 〈표 5-13〉에 나타나 있다.

〈표 5-12〉 고소득자의 상속 경험(일본) (단위: %)

직업	표본	상속 경험			
		자신의 부친 (금융)	자신의 부친 (실물)	배우자의 부친 (금융)	배우자의 부친 (실물)
상장기업 경영자	51	35	24	8	4
비상장기업 경영자	177	51	47	11	10
의사	130	34	34	16	8
기타	107	43	44	8	6
전체	465	43	40	12	8

* 자료: 다치바나키 · 모리 『고액 납세자 조사』

고액 납세자 중 약 40퍼센트가 부모로부터 실물자산 또는 금융자산을 상속 받고 있다. 특히 비상장기업경영자는 상속 받는 비율이 높다. 하지만 고소득자 전체의 25퍼센트는 유산을 "적극적으로 남겨 줄 계획이 없다"고 대답하고 있다. 사업을 계승할 경우에만 남겨 주고 싶다고 응답한 사람은 14퍼센트였다. 이들이 유산을 남겨 주는 데 매우 전략적임을 알 수 있다.

이상에서 살펴본 것처럼 고액 납세자 가계의 특징은 부모와 자녀의 연결고리가 강하다는 것이다. 그것은 부모와 자녀가 동거하고 있는 비율이 높다는 점뿐만이 아니라 유산을 받은 경험이 많다는 사실에서도 알 수 있다.

<표 5-13> 직업별로 본 유산에 관한 의사(일본) (단위: %)

직업	표본	회답1	회답2	회답3	회답4	회답5	회답6	회답7
상장기업 경영자	51	53	6	16	16	4	0	6
비상장기업 경영자	177	42	10	17	24	2	0	6
의사	130	33	13	14	27	3	2	8
기타	107	36	7	9	31	3	3	11
전체	465	39	10	14	25	3	1	8

* 자료: 다치바나키 · 모리 『고액 납세자 조사』

(주)　회답1: 가족에게 충분히 남겨 주고 싶다.

회답2: 노후 생활을 의지하고 싶은 가족에게 충분히 남겨 주고 싶다.

회답3: 자신의 사업을 계승할 경우에 남겨 주고 싶다.

회답4: 적극적으로 남겨 줄 계획이 없다.

회답5: 공익법인(재단법인, 사단법인, NPO법인)에 남겨 주고 싶다.

회답6: 남겨 줄 예정이 없다.

회답7: 모르겠다.

6장

부자들의 일상

보통 사람들의 여가 활용 방법

보통 사람들은 고소득을 올리게 되면 충분한 여가를 보낼 수 있을 것이라고 상상한다. 그렇다면 고소득자들은 과연 어떤 일상을 보내고 있을까. 호화 여객선을 타고 세계일주 여행을 하거나 자가용 헬리콥터로 공중 산책을 즐기고 있을까. 제6장에서는 부유층의 여가[35] 활용 방법에 대해 집중적으로 살펴보겠다.

우선 보통 사람들이 어떻게 여가를 보내는지 알아보기 위해 정부의 자료를 참고로 했다. 〈그림 6-1〉은 국민이 주말 등의 휴일을 어떻게 보내는가에 관해 1999년과 2003년에 조사한 결과를 비교한 것이다. 그래프에 따르면, 'TV · 라디오 · 신문 보기'가 가장 많다는 것을 알 수 있다. 이런 방법으로 여가를 보내는 사람의 비율은 계속 증가 추세이다. 특히 뚜렷한 증가를 보이는 것

〈그림 6-1〉 보통 사람들의 여가 활용 방법(주말 등의 휴일)

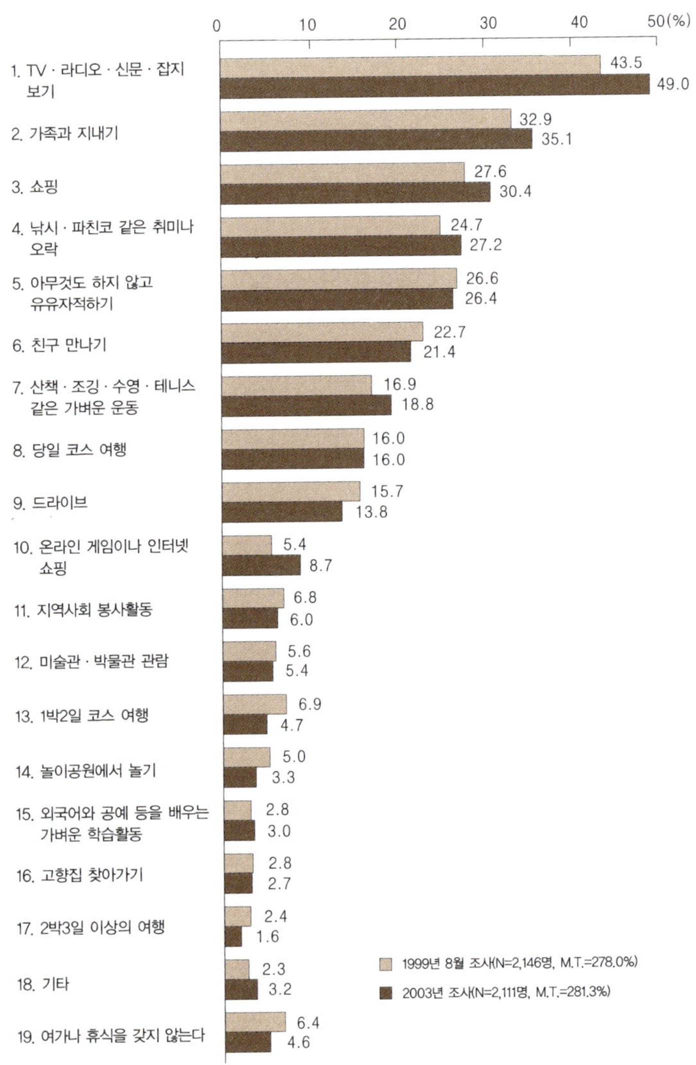

0 10 20 30 40 50(%)
1. TV · 라디오 · 신문 · 잡지 보기
43.5
49.0
2. 가족과 지내기
32.9
35.1
3. 쇼핑
27.6
30.4
4. 낚시 · 파친코 같은 취미나 오락
24.7
27.2
5. 아무것도 하지 않고 유유자적하기
26.6
26.4
6. 친구 만나기
22.7
21.4
7. 산책 · 조깅 · 수영 · 테니스 같은 가벼운 운동
16.9
18.8
8. 당일 코스 여행
16.0
16.0
9. 드라이브
15.7
13.8
10. 온라인 게임이나 인터넷 쇼핑
5.4
8.7
11. 지역사회 봉사활동
6.8
6.0
12. 미술관 · 박물관 관람
5.6
5.4
13. 1박2일 코스 여행
6.9
4.7
14. 놀이공원에서 놀기
5.0
3.3
15. 외국어와 공예 등을 배우는 가벼운 학습활동
2.8
3.0
16. 고향집 찾아가기
2.8
2.7
17. 2박3일 이상의 여행
2.4
1.6
18. 기타
2.3
3.2
19. 여가나 휴식을 갖지 않는다
6.4
4.6
1999년 8월 조사(N=2,146명, M.T.=278.0%)
2003년 조사(N=2,111명, M.T.=281.3%)

은 '온라인 게임이나 인터넷 서핑'을 들 수 있다. 이것은 가정에 PC가 보급된 것이나 인터넷 내용이 충실해진 것과 관련이 깊다.

반면 감소 추세에 있는 것은 '1박2일 코스 여행', '놀이공원에서 놀기', '2박3일 이상의 여행' 등, 이른바 돈이 드는 레저 활동이다. 이런 경향은 '3일 이상 연속된 휴가 지내는 방법'이란 질문에 대한 회답 결과와도 동일하다.

이번 조사에서는 '현재 여가 활동에 대한 만족 여부와 만족하지 못하는 이유'에 대해서도 질문했다. 약 절반에 이르는 사람들은 만족하지 못하고 있었으며, 그 이유는 '금전적 여유가 없다'고 응답한 비율이 15.8퍼센트에서 16.2퍼센트로 0.4퍼센트 높아졌다.

요약하면, 보통 사람들은 금전적인 이유 때문에 레저 활동을 꺼리고 가정에서 TV를 보는 등 돈이 들지 않는 여가 활동을 선호한다고 할 수 있다. 바꿔 말하면 이들도 소득에 여유만 생긴다면 여행 같은 레저를 즐길 것이다.

부자들의 여가 활용 방법

그렇다면 경제적으로 여유가 있는 고액 납세자들은 여가에 주로 여행과 같은 레저를 즐길까. 이번 조사에서는 고액 납세자에게 여가를 즐기는 방법에 대해 다음과 같은 4개 항목을 질문했다.

1. 평일의 여가를 어떻게 보냅니까?
2. 매주 휴일(일요일처럼 정해진 휴일)의 여가를 어떻게 보냅니까?
3. 장기 휴가를 어떻게 보냅니까?
4. 앞으로는 어떻게 여가를 보내고 싶습니까?

'1. 평일의 여가를 어떻게 보냅니까?' 라는 질문에 대한 응답 결과는 'TV나 신문을 본다' 가 가장 많아 일반 사람들의 여가 활용 방안과 그다지 차이가 없었다. '2. 매주 휴일의 여가를 어떻게 보냅니까?' 라는 질문에 대해서도 '집에서 지낸다' 와 'TV를 본다' 라는 대답이 많았다. 단기 휴일에는 집에서 유유자적하게 지내는 사람이 많다고 볼 수 있다. 다만 '3. 장기 휴가를 어떻게 보냅니까?' 라는 질문과 '4. 앞으로는 어떻게 여가를 보내고 싶습니

〈표 6-1〉 고소득자의 장기 휴가 활동

순위	활동의 종류(대분류)	득점	순위	활동의 종류(대분류)	득점
1	여행	1018	8	취미 · 학습	80
2	업무	592	9	건강 · 미용	79
3	집에서 지내기	330	10	사회활동	45
4	야외 스포츠 · 레저	279	11	기타	9
5	가족이나 친구와 외출	148	12	술 · 게임 · 도박	8
6	미디어	107	13	실내 스포츠 · 레저	1
7	문화 · 레저 시설 이용	94			

순위	활동의 종류(소분류)	득점	순위	활동의 종류(소분류)	득점
1	업무	592	20	낮잠	21
2	국내여행	532	21	산책	17
3	해외여행	486	21	등산	17
4	골프	153	23	학습 연구(업무관련)	15
5	가족과 지내기, 자녀와 놀기	99	23	집안일	15
6	특별한 일 없이 휴양	87	25	기타 야외경기	14
7	독서 · 신문 · 잡지 보기	65	26	애완동물 보살피기	12
8	정원 가꾸기, 분재	62	26	자기계발	12
9	온천 · 사우나 등 건강시설 이용	43	28	데이트, 친구와 보내기	11
10	드라이브, 자전거타기	42	28	테니스	11
11	집안 정리	37	30	영화관	10
12	고향집 찾아가기	35	30	비디오 · DVD 보기	10
13	외식(일상적인 것)	33	30	바둑 장기	10
14	유적 답사	32	30	요트 · 모터 보트	10
14	스키 · 스케이트 · 스노보드	32	34	음악회 · 콘서트	9
16	쇼핑	27	34	기타	9
17	TV 보기	24	36	놀이공원에서 놀기	8
18	미술관 · 박물관 관람	22	36	다이빙 · 서핑	8
18	낚시	22	36	지역 봉사활동	8
				기타	138

* 자료: 다치바나키 · 모리 『고액 납세자 조사』

까?'라는 질문에 대해서는 부자들의 특징이 나타났다.

여가에 관해서는 모든 질문에 대해 활동이 많은 1위에서 3위까지를 응답받았다. 그리고 1위=3점, 2위=2점, 3위=1점으로 득점을 집계해 점수가 많은 순서대로 정리해 보았다. 우선은 '3. 장기휴가를 어떻게 보냅니까?'라는 질문에 대한 응답을 살펴보자. 〈표 6-1〉의 첫 번째 표는 대분류에 따른 것이며, 두 번째 표는 상세한 소분류까지 정리한 것이다.

〈표 6-1(대분류)〉에서는 역시 예상한 대로 '해외여행', '국내여행'과 같은 레저가 높은 점수를 얻었다. 반면 소분류를 보면 '업무'가 가장 많았다. 장기 휴가를 얻을 수 없다든지 업무가 좋다고 한 사람이 많은 것이다. 결국 레저파와 업무파로 크게 분류할 수 있다.

나이들수록 일에 열중하는 이유

〈표 6-2〉는 고소득자의 장기 휴가 활동(소분류)을 5위까지 연령별로 정리한 것이다. 50대 이하의 연령층에서는 1위가 해외여행이고, 2위가 국내여행으로 레저파가 상위를 차지하고 있다. 그러나

39세 이하

순위	활동의 종류	득점
1	해외여행	14
2	국내여행	11
3	경마 · 경륜 · 경정 등	3
3	업무	3
5	놀이공원에서 놀기	2
5	TV 보기	2
5	스키 · 스케이트 · 스노보드	2

40대

순위	활동의 종류	득점
1	해외여행	97
2	국내여행	84
3	가족과 지내기, 자녀와 놀기	32
4	업무	31
5	골프	12

50대

순위	활동의 종류	득점
1	해외여행	165
2	국내여행	162
3	업무	151
4	골프	52
5	가족과 지내기, 자녀와 놀기	25

60대

순위	활동의 종류	득점
1	업무	156
2	해외여행	154
3	국내여행	131
4	골프	58
5	특별히 하는 일 없이 휴양	36

70대

순위	활동의 종류	득점
1	업무	158
2	국내여행	108
3	해외여행	44
4	골프	28
5	정원 가꾸기, 분재	19

80대

순위	활동의 종류	득점
1	업무	93
2	국내여행	36
3	독서 · 신문 · 잡지	15
4	해외여행	12
5	유적 답사	7

* 자료: 다치바나키 · 모리 『고액 납세자 조사』

60대 이상은 1위가 모두 '업무' 이다. 결국 연령이 높은 고소득자일수록 '업무파' 가 많았다.

또 30대 이하에서는 가족과 지낸다거나 자녀와 함께 논다는 사람이 많았다. 70대에서는 정원 가꾸기, 80대 이상에서는 유적 답사를 한다는 사람이 많았다.

결과를 요약하면, 부자들이 여가를 보내는 방법은 여행 등의 레저와 업무로 크게 나눌 수 있다. 그리고 연령이 높을수록 업무를 중시하는 업무파가 증가한다. 이것은 매우 흥미진진한 결과이다.

제5장에서는 부유층이 저축하는 이유를 베버의 가설로 설명하는 '자본가 모델' 을 소개했다. 그것은 '부유층은 다른 사람들과 다른 취향을 갖고, 부 자체를 추구하는 정신을 갖고 있다' 는 것이었다.

여기서 베버의 말을 인용해 보자.

……이득이 적은 방법을 선택하면 스스로에 대한 소명을 거스르는 것이다. ……신을 위해 노동을 해서 부유해지는 것은 좋은 일이다. …… 부의 추구가 위험한 것은 다른 날 편하게 지내기 위해 행하는 경우뿐이다. 천직인 직업의무를 수행하는 것은 도덕상 허용된 일일 뿐만 아

니라 소명이기도 하다(오츠카 히사오 역, 『프로테스탄티즘 윤리와 자
본주의 정신』, 이와나미 문고, 1990, pp.310~311).

부유층은 나이가 들수록 업무에 몰두하게 된다. 그리고 업무
를 진정 좋아하기 때문에 여유를 즐길 때보다 더 많은 보람을 느
낀다.

부자들이 원하는 여가 활동

다음으로 '4. 앞으로 어떻게 여가를 보내고 싶습니까?' 라는 질문
에 대한 답을 살펴보자. 〈표 6-3〉은 여가 활동의 종류를 대분류
와 소분류로 나눈 것이다. 대분류에서는 '여행' 이 1위이고, 2위가
'지역시회 봉사활동' 이나. 하지만 1위와 2위의 득점은 거의 비슷
한 수준이다. 고소득자는 무상으로 하는 지역사회 봉사활동을 선
호하고 있는 것이다. 소분류로 보더라도 '해외여행' 과 '국내여행'
같은 레저 활동과 함께, '교육·의료 관련 봉사활동' 등으로 여가
를 보내는 사람이 많다. 그 외에도 '자기계발' 과 기타 자발적 봉사
활동이 많다. 다음으로 연령별로 집계한 결과를 살펴보자.

순위	활동의 종류(대분류)	득점	순위	활동의 종류(대분류)	득점
1	여행	582	7	건강 · 미용	100
2	지역사회 봉사활동	546	8	미디어	90
3	취미 · 학습	265	9	기타	42
4	야외 스포츠 · 레저	235	10	가족 친구와 외출	33
5	문화 레저 시설 이용	193	11	실내 스포츠 · 레저	12
6	집에서 지냄	187	12	술 · 게임 · 도박	7

순위	활동의 종류(소분류)	득점	순위	활동의 종류(소분류)	득점
1	해외여행	360	21	낚시	25
2	국내여행	222	24	온천 사우나 건강 시설 이용	24
3	교육 · 의료 관련 봉사활동	151	25	바둑 장기	23
4	골프	133	25	등산	23
5	자기계발	90	27	연극 · 원예	22
6	국제협력 봉사활동	82	28	사진 비디오 촬영	19
6	지역사회 봉사활동	82	29	트레이닝 체조	17
8	환경관련 봉사활동	73	30	파이낸스(자산 운용)	16
9	정원 가꾸기 · 분재	69	31	드라이브	14
10	그림그리기 · 조각하기	55	31	영화관	14
10	독서 · 신문 · 잡지 보기	55	31	종교활동	14
12	유적 답사	48	34	애완동물 보살피기	13
13	미술관 · 박물관 관람	47	34	전화 · 무선	13
14	기타	42	36	야구 등 스포츠 관전	12
14	집안일	42	36	민요 · 무용	12
16	특별한 일 없이 휴양	39	36	요트 · 모터 보트	12
17	가족과 지내기 · 자녀와 놀기	36	36	정치활동	12
17	음악회 · 콘서트	36	40	창작활동	11
17	교실 학습 연구(업무 외)	36	40	수영	11
20	음악 연주 · 밴드	26	40	스키 · 스케이트 · 스노보드	11
21	도예 · 공예	25	40	다이빙 · 서핑	11
21	산책	25	기타		189

* 자료: 다치바나키 · 모리 『고액 납세자 조사』

<표 6-4> 부자들이 바라는 여가 활동(연령별)

39세 이하

순위	활동의 종류	득점
1	여행	16
2	집에서 보내기	5
3	사회활동	3
3	야외 스포츠, 레저	3
3	문화·레저 시설 이용	3
3	술, 게임, 도박	3

40대

순위	활동의 종류	득점
1	여행	109
2	사회활동	59
3	취미·학습	47
3	야외 스포츠, 레저	47

50대

순위	활동의 종류	득점
1	여행	219
2	사회활동	163
3	취미·학습	77

60대

순위	활동의 종류	득점
1	사회활동	186
2	여행	152
3	취미·학습	90

70대

순위	활동의 종류	득점
1	사회활동	79
2	여행	70
3	문화·레저 시설 이용	46

80대

순위	활동의 종류	득점
1	사회활동	29
2	취미·학습	16
3	여행	13

* 자료: 다치바나키·모리 『고액 납세자 조사』

<표 6-4>는 부자들이 바라는 여가 활동을 대분류로 3위까지 연령별로 정리한 것이다. 여기서도 연령별로 다른 경향이 선명하게 나타나고 있다. 즉 50세 이하와 60세 이상에서 확연히 다른 경

향을 확인할 수 있다. 젊은 층에서는 '여행'을 선호하고, 연령이 많은 층에서는 '지역사회 봉사활동'을 선호한다. 여기서도 각각의 연령대에 따라 여가를 보내는 방법이 달라진다는 걸 알 수 있다. 30세 이하에서는 술, 게임, 도박 등도 인기가 있고, 스포츠와 레저처럼 활동적으로 시간을 보내는 방법이 선호되고 있다. 반면 40세 이상에서는 취미와 학습으로 여가를 보내는 사람들도 많았다.

이번 조사 결과를 간단히 요약하면 다음과 같다. 부자들은 장기 휴가를 보내는 방법으로 여행을 선호하는 레저파와 일에 몰두하는 업무파로 나뉘었다. 그런데 연령이 많아짐에 따라 더욱더 업무파가 많아졌다. 이것은 나이가 들수록 자신의 일을 즐기게 돼 업무와 여가의 구별이 없어지기 때문이라고 생각된다. 또 앞으로 하고 싶은 여가 활동도 젊었을 때는 스포츠와 레저를 즐기는 활동적인 것을 선호하는 경향이 있지만, 나이가 많아짐에 따라 사회활동을 선호하게 된다.

이런 사실로부터 부자들의 자산액이 60세 이후에 가속적으로 상승하는 이유를 알 수 있다. 결국 60세 이후에 부유층은 '천직인 직업의무를 수행하는 것은 소명이다'는 말을 그대로 실천하고 있는 것이다. 자기 일을 소명으로 알고 매진하니까 그만큼 자산도 더 빠르게 늘어나는 것이다.

어떤 가치관이 중요한가

이제 6장을 마무리하면서 마지막으로 일본의 고액 납세자가 경제적 성공을 위해 중요하게 생각하는 요소들을 알아보고자 한다. 우리는 앙케이트 설문에서 경제적으로 성공하기 위해 중요하다고 생각하는 몇 가지의 요인을 제시하고, 응답자들이 중요하다고 생각하는 것과 그렇지 않다고 생각하는 것을 고르도록 했다.

〈표 6-5〉 경제적 성공을 거두기 위해 중요한 것 세 가지

1위	육체적 · 정신적 건강
2위	자신의 직업을 사랑하는 것
3위	정직

* 자료: 다치바나키 · 모리 『고액 납세자 조사』

〈표 6-6〉 경제적 성공을 거두기 위해 나쁜 것 세 가지

1위	일류 대학에 가는 것
2위	약삭빠름
3위	지능지수가 높고 우수한 두뇌를 갖는 것

* 자료: 다치바나키 · 모리 『고액 납세자 조사』

응답자들이 가장 중요하다고 생각하는 세 가지는 '육체적 · 정신적 건강'과 '자신의 직업을 사랑하는 것', '정직'이었다. 반

면 가장 나쁜 것(혹은 중요하지 않다고 생각하는 것) 세 가지는 '일류대학에 가는 것'과 '약삭빠름', '높은 지능지수와 우수한 두뇌를 갖는 것'이었다. 고소득자들은 우수한 두뇌를 갖고 일류대학을 졸업하는 것보다 심신이 강인하고 정직하며 근면한 것이 더 중요하다고 판단하고 있다. 이미 성공한 사람들의 이런 의견은 충분히 받아들일 만한 의의가 있다.

고소득자의 자가용

이번 조사에서는 고소득자의 자가용에 관한 설문도 있었다. 총무성의 1999년 '전국 소비 실태 조사'에 따르면 대형차를 소유하려는 경향이 강한 것은 연령별로는 30세 이하의 젊은층이며, 직업별로는 '개인 경영자'와 '법인 경영자'였다.

'개인 경영자'와 '법인 경영자'는 2세대 당 1대의 중형 자동차를, 또 5세대당 1대의 수입차를 소유하고 있었다. 또 소득 계급으로 볼 때 고소득자일수록 대형차 소유 비율이 높아져 연간소득 1,500만 엔 이상에서는 1세대당 1대의 소형 자동차를 소유하고, 2세대당 1대는 중형 자동차를 갖고 있으며, 10세대당 1대는 수입차를 소유하고 있다.

결국 자영업이 많은 고소득자들이 소유하는 자가용에는 대형 고급차가 많다고 생각할 수 있다. 실제로 이번 조사에서 응답한 고액 납세자가 소유하고 있는 자가용 랭킹은 다음과 같다.

〈표 6-7〉 고소득자가 소유하고 있는 자동차 랭킹(메이커 별)

순위	메이커	수량	순위	메이커	수량
1	도요타	149	9	포르쉐	7
2	메르세데스 벤츠	127	10	미쓰비시	7
3	닛산	43	11	폭스바겐	5
4	BMW	34	12	캐딜락	4
5	재규어	24	13	벤트레이	4
6	혼다	12	14	콘즈	4
7	볼보	11	15	이스즈	4
8	아우디	9		기타	21

* 자료: 다치바나키 · 모리 『고액 납세자 조사』

〈표 6-7〉에서 알 수 있는 것처럼 일본의 고소득자들이 가장 선호하는 자동차는 국산차인 도요타, 그 다음이 수입차인 메르세데스 벤츠였다.

직업별로는 기업경영자의 경우에는 도요타를 선호했지만, 의사들은 벤츠를 선호했다(〈표 6-8〉). 그 외에도 의사들은 재규어와 포르쉐 같은 고급 수입차를 선호하는 경향이 있었다.

〈표 6-8〉 고액 납세자의 직업별로 소유하고 있는 자동차 랭킹(메이커 별)

순위	상장기업경영자		비상장기업경영자		의사	
	자동차 명	수량	자동차 명	수량	자동차 명	수량
1	도요타	16	도요타	63	벤츠	41
2	벤츠	13	벤츠	48	도요타	37
3	닛산	6	닛산	15	재규어	11
4	BMW	5	BMW	14	닛산	9
5	미쓰비시	2	재규어	11	BMW	8
6			볼보	5	볼보	5
7			포르쉐	4	혼다	5
8			아우디	4	아우디	4
9			벤트레이	3	포르쉐	3
10			GM	2	폭스바겐	2
11			롤스로이스	2	미쓰비시	2
12			혼다	2	롤스로이스	2
13					페라리	2
14						
15						
	기타		기타	7	기타	10

* 자료: 다치바나키 · 모리 『고액 납세자 조사』

7장

결론

이 책의 목적은 두 가지였다. 첫째는 부자(즉 고소득자)란 어떤 사람이며, 그런 부자들은 왜 성공했는지를 명확히 밝히는 것이었다. 그래서 고소득자의 의식과 행동의 특징에 대해서 조사하고 연구했다. 둘째는 상류계급을 역사적으로 살펴보아 그들의 구성이 어떻게 변화했는지를 밝히는 것이었다. 구체적으로는 신분, 직업, 교육에 의한 차이 및 토지소유의 유무 등이 시대에 따라 어떻게 상류계급의 구성을 변화시켰는지가 관심의 초점이었다. 또 상류계급이 사회에서 갖는 의미와 그들의 생활양식에 대해서도 살펴보았다.

고소득을 얼마로 정의하느냐에 따라 어떤 사람이 고소득자인지가 달라진다. 연간소득 1,500만 엔 이상을 고소득자로 정의하면, 주로 자영업자와 법인경영자가 이에 해당된다.

한편 근로 세대의 과반수(70퍼센트 이상)는 연간소득이 500만 엔 이상에서 1,500만 엔 사이에 있으며, 이런 사람들은 중류 계급을 형성하고 있다. 다만 근로자 가운데에는 1,500만 엔 이상의 소득을 올리고 있는 사람도 상당수 있다. 소득 1,500만 엔을 경계로 하면 대체적으로 상류는 경영자층과 일부의 근로자이고, 중류는 근로자 대다수라고 할 수 있다.

연간 납세액이 3,000만 엔(소득은 약 1억 엔 상당) 이상인 고소득자의 구성을 살펴보면, 기업가(규모에 관계없이 최고경영책임자)가 33.3퍼센트, CEO가 아닌 경영간부(부사장 이하의 임원)가 11.6퍼센트, 의사가 15.4퍼센트, 연예인과 운동선수가 2.2퍼센트, 변호사 0.4퍼센트, 기타 3.8퍼센트이다. 기타에는 토지보유자와 은퇴한 사람이 포함되어 있다. 상위 2위인 기업가와 의사는 합해서 약 45퍼센트를 차지하고 있어 현대 일본에서 '부자들'은 이 두 가지 직업으로 대표될 수 있다.

또 한 가지 특징은 기업가와 경영간부는 대부분이 도쿄와 오사카 같은 대도시에 살고 있다는 것이다. 특히 도쿄에 부자가 많다는 것이 눈에 띈다. 반면, 의사는 전국에 고르게 분포되어 있다. 바꿔 말하면 비즈니스 세계에서의 성공은 대도시에서 이뤄지지만, 의사의 경우에는 어느 지역에서도 고소득자가 될 수 있다는 것이다.

이 책에서는 의사에 관해 독립된 장을 할애해 매우 자세하게 설명하고 있다. 의사는 일본에서 경영자층과 함께 고소득자의 대표 그룹이기 때문에 그들의 실태를 자세히 파헤친 것이다. 또 현재는 그다지 눈에 띄는 고소득자가 아니지만, 법조관계자(특히 변호사)에 대해서도 조사했다. 일본이 미국 같은 소송사회로 바뀌게 되면, 멀지 않은 시기에 고소득자가 될 가능성이 있기 때문이다.

흥미진진한 것은 기업가의 변화이다. 1984년과 2001년에 어느 산업(소분류)의 기업가가 고소득자였는지를 살펴본 자료에 따르면, 1984년에는 토목건축, 백화점, 슈퍼, 부동산 임대, 은행 같은 대기업경영자가 많았다. 하지만 2001년에는 IT와 프로그램 개발과 같은 정보통신, 화장품 제조, 음식 체인, 파친코 경영, 컨설턴트, 소비자 금융, 인재파견업처럼 다양한 업종에 걸쳐 고소득 경영자가 나타났다.

3장과 4장의 분석에 따르면, 일본의 고소득자 중에 1960년대에는 제조업, 건설업, 상업, 금융 같은 산업의 대기업경영자의 이름이 많았고, 그 경향은 1984년도까지 이어졌다. 하지만 현재는 사람들에게 직접 서비스를 제공하는 업종이 압도적으로 우세하다. 서비스가 산업화함에 따라 그 효과가 여기서도 나타나고 있는 것이다. 게다가 이들 업종의 경영자는 스스로 창업해 사업을 성공시킨 경우가 많아 이른바 샐러리맨 경영자와 다르다는 점이 특색이다.

2차 세계대전 전의 재벌을 중심으로 한 대기업경영자는 도쿄대학을 비롯한 명문 대학 출신자가 오너의 신임을 받아 전문 경영자로 출세한 경우가 많았다. 그런 전통은 2차 세계대전 이후의 고도성장기까지 계속됐다. 이른바 대기업의 샐러리맨 경영자가 그들이며, 그런 자리에 도달하기 위해서는 명문 대학 졸업이 필수조건이었다. 결국 이것이 입시 전쟁의 원인이 되었고, 입시 전쟁에서 승리한 사람들은 대기업에 취직한 뒤에도 치열한 승진 경쟁을 뚫고 나가야 했다. 이처럼 끊임없는 경쟁에서 이긴 극소수의 사람만이 최고경영자의 자리에 올랐다.

이런 것들이 일본 사회의 진학경쟁, 취직경쟁, 승진경쟁을 낳는 원인이 되었다. 그리고 이런 경쟁에서 이긴 사람만이 사회의 승리자로 인정받아 고소득자가 되는 게 가능했다. 이 책에서는 이와 관련하여 학력사회가 무엇인지에 대해서도 조명해 보았다.

그런데 이 책에서 강조한 것처럼 대기업의 샐러리맨 경영자는 고소득자 리스트에 이름을 올리지 못하고 있다. CEO가 아닌 상장기업의 경영간부(즉 회사 임원)의 연평균 소득은 3,200만 엔이라고 보고되고 있다. 아주 높은 연간소득은 아니다. 특히 경영간부가 되기 위해 치열한 경쟁을 뚫고서 그 자리까지 온 것에 비하면, 낮은 소득이라고도 할 수 있다. 게다가 이들은 경영책임을 지거나 주주 대표소송의 희생양이 될 수 있는 높은 리스크를 등에 지고 있는 실정이다.

따라서 치열한 학력경쟁과 승진경쟁을 뚫고 대기업의 경영자가 되더라도 제대로 된 대접을 받지 못한다고 생각하는 사람도 있을 수 있다. 차라리 스스로 창업해 비즈니스에서 성공하는 것이 적어도 부자가 되기에 더 쉬운 길일 수 있다. 물론 그런 경우에는 실패할 확률도 높다는 사실을 각오해야 한다.

하지만 대기업에 근무하면 설령 임원이 되지는 못하더라도 평균 소득이 중소기업에 다니는 것보다 많고, 직업의 안정성도 높다. 조금이라도 높은 소득과 안정된 직업을 추구하는 사람들 중에는 지금도 대기업이 매력적이라고 생각하는 사람이 많다. 결론은 사람들의 살아가는 방식의 차이인 것이다.

의사의 세계에서도 대학병원과 큰 병원에서 근무하는 의사보다 개업 의사로 성공하면 훨씬 더 높은 소득을 올릴 수 있다. 원래 의사 전체의 평균 소득이 다른 직업보다 훨씬 높다. 그렇기 때문에 의과대학의 입시는 다른 학부보다 훨씬 치열하다.

게다가 의학의 꽃이라 불리는 내과와 외과는 물론 안과, 성형외과와 당뇨병 전문의도 고소득자에 포함되어 있다. 또 의료보험 외의 진료도 고소득에 도움이 된다. 대기업의 샐러리맨 임원보다 창업에 성공한 사람이 더 많은 소득을 올릴 수 있는 것처럼 의대 교수나 큰 병원의 원장이 되기보다도 개업의로 성공하는 것이 부자가 되는 지름길일 수도 있다.

이런 현상을 해석하기 위해서는 '지위의 비일관성'이라는 사회학적 설명이 필요하다. 학력과 직업 수준이 그다지 높지 않은 사람이 높은 소득을 올릴 경우가 있기 때문이다. 즉 스스로 창업을 한 오너 경영자의 경우, 학력과 직업위신은 그다지 높지 않더라도 소득은 높다. 의사의 경우도 마찬가지다. 개업 의사보다 의대 교수와 병원 원장의 직업위신은 더 높지만, 소득은 개업 의사에 미치지 못한다. 이것이 바로 지위의 비일관성을 보여주는 좋은 예이다.

고소득자와 관련해 한 가지 더 중요한 사실은 부모의 직업을 자녀가 계승하는 것과 유산의 역할이다. 비상장기업경영자 가운데 부모의 직업을 계승한 경영자가 약 절반을 차지하고 있다. 다만 상장기업의 경우엔 경영 계승은 그다지 눈에 띄지 않는다. 의사도 약 절반 가량이 부모와 같은 직업을 가진다. 유산에 있어서도 비상장기업의 경영자가 부모로부터 유산을 받는 비율은 약 절반 정도여서 세대 간에 자산이 이전되고 있음을 보여 준다.

이처럼 직업에 따라 부모의 사회적 지위(교육, 직업, 소득)가 자녀의 지위로 계승되는 현상이 점점 뚜렷해지고 있다. 비상장 기업 경영자와 의사의 세대 간 직업계승과 자산이전은 상류계급에서 사회적 지위의 계승이 이뤄지고 있음을 보여 준다고 할 수 있다. 이것은 사회에서는 불평등이 확대되고 폐쇄성도 높아지고 있음을 의미한다.

이 책에서는 상류계급을 역사의 관점에서 평가해 보았다. 즉 시대가 변함에 따라 상류계급이 어떻게 변화해 왔는가를 다루었다. 대략적으로 살펴보면 다음과 같이 요약할 수 있다.

2차 세계대전 전의 상류계급에는 주로 다음과 같은 세 가지 유형이 있다. 첫째는 신분제에 의한 귀족, 둘째는 대토지소유자, 셋째는 새벌을 중심으로 한 산업자본가였다. 대토지소유자와 산업자본가는 고소득자로서 소작인과 노동자라는 피지배계층을 거느리며 지배계층으로 군림했다. 이처럼 2차 세계대전 이전의 일본 사회는 신분과 계급이 매우 명확했다.

패전 후, 미국 점령군의 정책에 따라 사회와 경제는 크게 변했다. 농지개혁, 재벌해체, 민주화 노선의 도입으로 새로운 유형의 상류계급이 나타났다. 그것의 대표는 일본 경제의 고성장과 함께 몸집을 키운 대기업의 오너 경영자와 샐러리맨 사장이었다. 이른바 대기업경영자가 고소득자의 대표가 되어 일본의 상류 지배계급이 된 것이다. 동시에 고급 관료와 퇴임 관료도 정관재(政官財)의 파워 엘리트로서 존재했다. 이런 사람들은 도쿄 대학 출신을 중심으로 매우 높은 학력을 갖고 있던 것이 특징이었다.

한때 일본은 토지가격 상승기에 접어들어 거품경제에 휩싸이면서 토지보유자와 토지임대업자들이 고소득자로서 얼굴을 내민 적도 있었다. 하지만 토지가격이 내려가면서 이들은 고소득자 명단에서 탈락했다. 그들 대신에 등장한 사람들이 창업가를 중심으로 다양한 서비스 산업에 종사하는 경영자다. 동시에 의사도 두각을 나타냈다. 이런 사람들은 높은 소득을 올리기는 하지만, 정치와 경제계에서 지도자층으로 군림하지는 않고 있다.

현재 일본의 상류계급은 혼돈에 빠져 있다고 해도 과언이 아니다. 고소득자라고 해서 모두가 높은 교육을 받아 위신이 높은 직업을 가지고서 지도자층과 엘리트 층을 형성하고 있는 것은 아니다. 오히려 반드시 아주 높은 소득을 올리지 않지만 대기업 경영자층과 정치가 정도가 요즈음의 지도자층을 형성한다고 할 수 있을 것이다. 눈에 띄는 것은 과거에 파워 엘리트의 상징이었던 고급 관료와 퇴임 관료들이 민간 우선과 정부 규제 완화 시대를 맞아 그 힘을 잃어버리고 있다는 사실이다.

이제 화제를 바꾸어 보자. 이 책에서는 일본의 부자들이 일상 생활을 어떻게 보내고 있는지도 알아보았다. 그 결과, 서민과 부자들이 일상생활과 의식에서 어떤 차이점을 갖고 있는가에 대해 여러 가지 흥미로운 사실을 발견했다.

저축 · 자산에 대해 살펴보면 부자들은 일반인에 비해 저축률이 높다. 일부 부자들은 상상할 수 없을 정도로 많은 재산을 갖고 있다. 예를 들어 100억 엔 이상의 재산을 갖고 있는 사람도 상당수다. 이렇게 많은 재산은 통상 경제학에서 설명하고 있는 자산형성 모델로는 설명할 수 없다.

부자들이 시간을 보내는 방법은 여행이나 레저를 즐기는 여가파와 일을 중시하는 업무파로 나누어진다. 부자들도 나이에 따라 여가를 보내는 취향이 다르다. 구체적으로 젊은이는 야외에서 레저를 즐기는 경향이 있지만, 노년층은 지역사회 봉사활동에 관심 있는 사람이 많았다.

이와 같이 이 책에서는 일본의 고소득자와 상류계급을 다양한 각도에서 살펴보았다. 지금까지 계통적으로 논의된 적은 없었지만, 고소득자가 사회에서 눈에 띄는 존재가 되고 있는 이 시점에서 그들의 실태와 의식을 아는 것은 중요하다. 이 책이 그 일에 조금이나마 도움이 되었으면 하는 바람이다.

1 *Arcidiacono and Nicholson*(2000)을 참조. 진료과별 연평균 소득의 비교도 이 논문에 나타나 있다.

2 *Nicholson and Nicholas*(2002)를 참조.

3 일본의 당뇨병에 대응한 의료와 비즈니스에 관해서는 (주)저팬 비즈니스 뉴스가 발행하는 *JNEWS LETTER*를 참고하고 있다.

4 『변호사 실태 조사』(2000) 이용을 일본 변호사연합회에서 허용해준 것에 감사한다.

5 이 글에서 예로 든 내용 및 문장은 어느 변호사가 대학 혹은 학회에서 행한 강연록을 기초로 한 것이며 익명을 조건으로 사용하는 것을 허락받았다. 감사의 뜻을 전한다.

6 모리카와(1980, 1981)를 참조.

7 이 숫자는 우마타가와(1991)에 근거.

8 모리카와(1991)를 참조.

9 예를 들어 와타나베(2004)가 대표적이다.

10 다케우치(1995)을 참조.

11 하라 · 모리야마(1999)를 참조.

12 이것에 관해서는 다치바나키(1998, 2004)를 참조.

13 오바시(1995)를 참조.

14 반세이(1965)를 참조.

15 다치바나키(1997)를 참조.

16 다치바나키(1997)를 참조.

17 다치바나키(1997)를 참조.

18 와타나베(2004)를 참조.

19 하시모토(2001)를 참조.

20 그것의 경위에 대해서는 하시모토(2000)와 와타나베(2004)에 자세히 설명되어 있다.

21 나카무라(2000)를 참조.

22 이것은 나카무라(2000)의 엘리트 층과 비엘리트 층의 존재와 상통하는 점이 있다.

23 Dynan, Skinner and Zeldes(1996)를 참조. 미국에서는 이미 고소득자층일수록 저축률이 높다는 것은 1929~1930년의 데이터를 이용한 Kuznets(1953)에 나타나 있다. 평균소득 세대의 저축률은 약 10퍼센트인 데 반해, 이보다 소득이 3배 많은 계층의 저축률은 약 20퍼센트였다. 소득이 평균의 절반인 세대의 저축률은 마이너스다. 1960년대, 70년

대, 80년대의 데이터를 이용한 Bosworth *et al.*(1991)에서도 비슷한 결과가 나타나고 있다.

24 미국 데이터에 바탕을 둔 검증은 Caroll(2000)를 인용.

25 그러나 실제 생활에서 개인은 다양한 불확실성에 직면하고 있다. 실업, 급여 삭감, 사망, 질병에 의한 예기치 않은 지출 등, 특히 고령기에는 질병에 걸릴 위험이 높아 예상하지 않은 경비가 필요할 경우가 많다. 개인은 노후가 되면 직면하는 불확실성이 높아지는 것에 대응해 더욱더 저축하려고 한다. 경제학에서는 이런 저축을 예비적 저축이라고 부른다. 따라서 순수한 라이프 사이클 가설에 불확실성을 도입한 모델이 자주 이용된다. 순수한 라이프 사이클 가설에서는 노후에는 저축을 깨고 소비하기 때문에 저축률이 마이너스가 되고, 노후의 개인 자산은 감소하게 된다. 하지만 실제로는 노후가 돼도 자산이 증가하는 경우가 많다.

26 통상 Barro(1974)가 제시한 다음과 같은 모델이 자주 이용된다.

$$Max(C_t) \quad U(C_t) + \sum_{i=t+1}^{\infty} \beta^{i-t} U(C_i)$$

$$s.t \quad W_{t+1} = R[W_t - C_t] + Y_{t+1}$$

C_t, Y_t, Y_{t+1}은 t기의 소비, 자산, 소득이며 $U(C_t)$는 t기의 소비만을 고려한 효용함수이다. β는 디스카운트 팩터(할인요소)이며, R은 이자율이다. 결국 개인은 자산 제약 아래에서 자신의 효용[$U(C_t)$]과 자녀 및 손자, 나아가서는 자손의 효용[$U(C_{t+1})$, $U(C_{t+2})$ ……]을 디스카운트 팩터(β)로 할인한 것을 가산해 전체 효용을 최대화하는 소비를 결정하는 것이 된다.

27 Caroll(2000)에서는 SCF 데이터에 근거한 미국 가계의 저축행동에 관해 분석하고 있다.

28 직업 간의 차에 관한 P값은 0.00으로 통계적으로 의미 있는 차이가 인정된다. 다만 의사 및 경영자의 평균자산에 관하여 상속 경험이 있는 가계와 그런 경험이 없는 가계의 차에 관한 P값은 각각 0.9742와 0.9902여서 모두 통계적으로 의미 있는 차이가 인정되지 않는다.

29 Tachibanaki and Shimono(1991)에서는 1991년 일본의 데이터를 이용해 소득계급별 유산의 역할을 검증했다. 그 결과 일본에서는 유산 동기를 포함한 라이프 사이클 저축가설이 성립할 가능성이 높은 것으로 나타나, 고소득계급에서는 젊었을 때 이미 많은 자산을 유산으로 받았다는 것을 보여 주었다. 다음 세대의 자산 분포 현상을 변경하지 않는다는 가정을 두고 소득계급별 세대 간 자산축적 경로를 분석한 결과, 부모에게 많은 자산을 이어받은 자녀는 생애소득과 생애소비 면에서 우위에 서는 것으로 드러났다. 즉, 세대 간 자산 이전이 자녀의 경제조건에 커다란 영향을 끼친다는 것을 보여 주었다.

30 Caroll(1998)을 참조. 또 Caroll(1998)의 모델은 Zou(1994)[주 (9)를 참조]와 Bakshi and Chen(1996)에도 소개되어 있다.

31 Zou(1994)의 모델은 소비를 고려한 효용함수 $U(C_t)$에 자산을 고려한 효용함수 $V(W_{t+1})$를 더한 것을 전체 효용함수로 하고 있다. 그것에 반해 Bakshi and Chen(1996)에서는 전체 효용함수는 소비와 사회적 지위(S)를 변수로 취급하는 효용함수 $U(C, S)$를 상정해 사회적 지위는 자산의 함수 $S=f(W)$로 보고 있다. 그 의미는 Caroll(2000) 모델은 Zou(1994)를 기초로 하고 있다고 생각할 수 있다.

32 이 모델의 아이디어는 막스 베버의 저서인 『프로테스탄트 윤리와 자본주의 정신』에 바탕을 두고 있다. 베버는 19세기 후반 유럽이 근대자본주의를 창출해 낸 원인을 찾아내기 위해 근대자본주의의 담당자였던 기업가와 산업가의 분포를 분석한 결과, 종교상의 분포와 아주 상관관계가 높다는 사실을 발견했다. 그것은 가톨릭, 프로테스탄트, 유대교를 믿는 사람들에 관한 분포 중에 근대자본주의의 담당자가 된 기업가와 산업가의 분포가 프로테스탄트의 분포와 아주 비슷했다는 것이다. 결국 상업 및 금융 활동이 활발했던 유대인으로부터 근대자본주의가 발생한 것이 아니라 반영리적인 윤리관을 갖고 있는 프로테스탄트로부터 자본주의적 정신이 생겨났다는 것이다. 그는 금욕적인 프로테스탄티즘의 윤리가 이 세상에서 부를 축적하는 것이 신으로부터 받은 영광의 징표로서 받아들이면서, 자본주의 정신이 생겨나게 되었다고 주장했다.

33 자본가 정신 모델은 통상의 CRRA 효용함수 $U(C_t)=C^{1-\rho}/(1-\rho)$에서 자산(W)에서 구하는 효용함수를 더한 것을 최대화하는 것으로 정형화하고 있다. 여기에서 중요한 것은 자신이 소비하는 것에 의한 효용(만족)에 더해 자산을 갖고 있는 것 자체에 효용(만족)을 느끼고 있다는 점이다.

$$\text{Max}(C_t) \quad U(C_t)+V(W_{t+1})$$

$$\text{s.t} \quad W_{t+1}=W_t-C_t$$

34 Caroll(2000)을 참조.

35 자료: 다치바나키 · 모리의 『고액 납세자 조사』에서 여가에 관한 앙케이트 항목의 설정에 대해서는 사단법인 국제경제노동연구소의 허가를 받고 차용했다.

고소득자에 대한 과세

고소득자에 대한 과세

세금을 내는 것은 국민의 의무이지만, 소득이 너무 적거나 연금소득밖에 없는 고령자는 면세 혜택을 받는다. 소득이 너무 적은 사람들에게 세금을 물리면, 소득이 더욱 줄어들어 생활이 곤란해질 것이기 때문이다. 하지만 어느 정도의 소득액을 과세 최저한 소득으로 정하는가는 나라와 시대에 따라 다르다.

사실 세금을 정하는 것이 정부의 정책이라고는 해도, 그 뒤에는 납세하는 국민이 있기 때문에 국민의 의향을 반영하지 않을 수 없다. 따라서 고소득자의 소득세율을 결정할 때도 정부와 국회가 직접 관여하는 것 같지만, 이는 모두 국민의 의향을 반영하기 위한 것이다.

고소득자나 저소득자의 세율을 거론할 때 유용한 개념이 누진도다. 소득세의 누진도는 최고 소득계급에게는 가장 높을 세율을 적용하고, 소득이 줄어듦에 따라 세율도 낮아져 과세 최저한 이하의 소득에서는 세율이 0이 된다. 누진도가 강할 때는 최고세율과 최저세율의 차이가 크고, 세율 곡선이 소득의 증가에 따라 급격히 상승한다. 반면, 소비세처럼 모든 소득계급에 동일한 세율을 적용하는 비례세율(단일세율이라고도 함)이라는 것도 있다.

<그림 1> 소득세율의 변천 추이

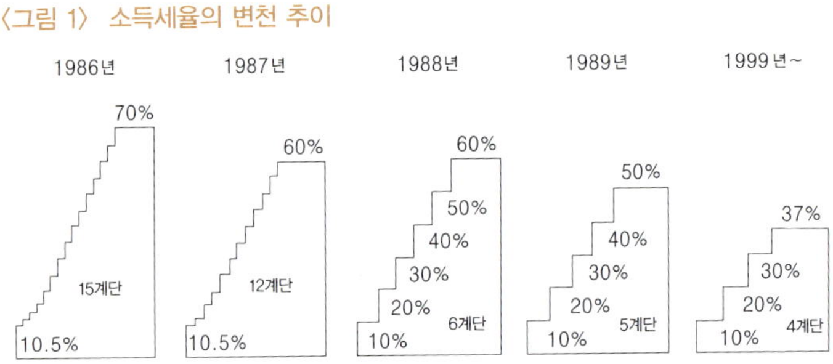

* 1. 지방세가 소득세에 포함됨.
　 2. 1999년 이후로는, 20퍼센트 소득세액 감소가 있었음.

일본의 고소득자에 대한 소득세율, 즉 소득세의 누진도는 어느 정도일까. <그림 1>은 소득세율이 1986년 이후에 어떻게 변해 왔는지를 보여 주는 것이다. 1986년에 최고세율은 70퍼센트였지만, 1887년에는 60퍼센트, 1989년에 50퍼센트로 낮아진 뒤, 1999년 이후에는 37퍼센트까지 낮아졌다. 게다가 이전에는 세율이 15단계로 촘촘히 나뉘어 있었지만 12단계, 6단계,

5단계로 점점 줄어들다가 현재는 4단계로 간소화됐다. 이것은 고소득자에게서 거액의 세금을 걷으려는 의지가 약해졌다는 것을 의미하며, 소득세의 누진도가 약해졌다는 뜻도 된다.

누진도는 왜 약해질까

그러면 왜 고소득자의 세율을 낮춰 누진도를 약화시키는 것일까. 고소득자의 세율이 너무 높으면 '힘들여 일해 굳이 세금을 많이 낼 필요가 있을까' 라는 생각 때문에 근로의욕과 저축의욕이 줄어들 수 있다. 따라서 그들의 감세요구를 배려하여 세율을 낮춘 것이다.

이미 많은 선진국들도 최고 소득세율을 인하하고 소득세의 누진도를 낮추고 있는 실정이다. 미국은 1950년대 전후에 최고세율이 90퍼센트나 됐다. 그것이 1964년에 70퍼센트로 낮아진 뒤 레이건 대통령의 첫 임기 때에 50퍼센트로, 두 번째 임기 때는 28퍼센트로 낮아졌다. 이것은 나중에 설명하게 되는 '레이건=대처 노선' 에 의한 '공급중시 경제학' 의 사고방식에 따른 것이다.

미국 정권이 공화당에서 민주당으로 바뀌면서 최고세율은 28

퍼센트에서 39.6퍼센트로 인상됐다. 현재 일본의 세율과 거의 비슷하다는 것은 흥미로운 일이다. 그런데 무엇보다 강조하고 싶은 것은 최고세율과 소득세 누진도는 정권 교체에 따라 변경되는 사례가 많다는 것이다. 특히 미국의 공화당에는 경제의 효율성을 우선시해 자유주의 경제운영에 중점을 두는 사람이 많은 반면, 민주당에는 공평성을 강조하는 사람들이 많기 때문에 세율도 어느 당이 집권하느냐에 따라 달라진다.

이것은 미국뿐만 아니라 유럽에서도 마찬가지다. 보수정권이 집권할 때와 사민당 정권이 집권할 때에 따라 세율 구조가 바뀌는 일이 자주 있다. 그렇다면 일본은 어떨까. 정치상황으로 말하자면, 2차 세계대전 이후의 일본은 보수정권이 주로 정치를 담당해왔다. 따라서 경제 자유주의와 효율성 중시를 기본으로 하고 있다. 이것은 다치바나키(2000, 2002)의 주장처럼 비복지국가의 전형이라고 할 수 있다.

다만 강조해야 할 것은 보수정권이었음에도 불구하고 최고세율은 2차 세계대전 이후에 오랫동안 70~80퍼센트로 높은 수준을 유지했다는 사실이다. 이렇게 높은 세율은 사회주의정권 혹은 사민당정권에서는 높은 게 아닐지 모르나, 보수정권에서는 보기 드문 일이었다.

미국을 비롯한 많은 자본주의 국가에서 2차 세계대전이 끝난 이후 1970년대 중반까지는 최고세율이 60~80퍼센트로 높았고, 소득세 누진도도 강했다. 이것은 집권당이 무슨 당인가에 관계없이 당시의 시대적 흐름이 고소득자에게 많은 세금을 거둬야 한다는 쪽으로 흘러가고 있었기 때문이다.

왜 20~30년 전까지만 해도 이런 사상이 지배적이었을까. 이를 이해하기 위해서는 강한 소득세 누진도를 허용하는 근거가 어디에 있는지를 살펴볼 필요가 있다.

소득세 누진도에 관한 논의 하나—용인론

여기서 고소득자에게 높은 세율을 적용하는 근거와 그것을 부정하는 근거에 대해 실명해 보자. 누진도가 강한 소득 세제는 소득의 재분배와 연결되어 있기 때문에 세금으로 소득을 재분배하려는 정책에 대한 논의라고 불러도 좋다.

(1) 소득 분배의 불평등 부정

분배의 평등성 내지 공평성을 중시하는 사상에 따르면, 과세 전

소득의 격차를 시정하는 데 가장 단순하고 명확한 방법은 소득세의 누진성이다. 이 방법은 고소득자에게는 높은 세율을 적용하고, 저소득자에게는 낮은 세율을 적용해 소득의 분배를 평등화한다는 것이다.

어느 정도의 소득분배 불평등이 바람직한가는 개인의 가치판단에 의존한다. 빈부의 격차를 어느 정도까지 인정할 것인가도 개인의 사고방식에 따라 달라진다. 빈곤의 격차, 소득분배의 불평등, 혹은 공평성에 대한 견해로는 크게 다음과 같은 두 가지가 있다.

첫째, 저소득자와 고소득자의 소득 크기에 주목하는 견해다. 소득의 격차를 줄이는 쪽을 원한다면 고소득자에게 거액의 소득세를 징수함으로써 소득분배의 평등화를 달성할 수 있다.

둘째, 고소득자의 소득액에는 주목하지 않고(즉 격차 자체에는 관심을 두지 않고), 저소득자의 소득이 생계를 유지하는 데 충분한가에만 주목하는 견해다. 이때에는 고소득자에게 높은 소득세를 부과하지 않고, 다만 저소득층의 과세최저한 소득을 어떻게 변경할 것인가에 중점을 둔 정책을 펴게 된다. 학자에 따라서는[1] 부(負)의 소득세(즉 세금의 환급)로 아주 낮은 소득을 올리는 사람들의 소득을 높여 주는 정책을 지지한다. 이 경우에는 고소득자에게 부과하는 세율이 높지 않아도 되고, 모든 소득 계급에게 공통적으로 적용되는 비례세제도 도입할 수 있다.

첫째와 둘째의 견해 차이는 소득 재분배 정책의 목적을 고소득자 계급에 둘 것인가, 아니면 저소득자 계급에 둘 것인가하는 점이다. 결국 고소득자의 소득을 과세에 의해 변경시킬 것인가, 아니면 저소득자의 소득에 어느 정도의 세금을 물릴 것인가 하는 선택문제라고 할 수 있다.

그런데 이 책의 주요관심인 고소득자의 세금 문제는 첫째 견해와 관계가 깊다고 할 수 있다. 다만 고소득자의 높은 세율을 어느 수준에서 정할 것인가도 가치판단에 의존하는 측면이 있다는 것을 지적해 둔다.

현대의 민주주의 시대에서는 극단적인 빈부 격차와 매우 높은 소득분배의 불평등은 국민의 의견을 모아 피하는 편이 좋다. 이때 어느 정도의 불평등을 허용할 것인가는 개인의 가치판단에 따라 다르다. 따라서 세율구조를 어떻게 할 것인가는 국민에 의해 민주적으로 결정되어야 할 것이다.

(2) 지불 능력설

고소득자는 소득이 높기 때문에 거액의 세금을 낼 수 있는 경제력이 있다. 그리고 이들은 과세 후에도 생활이 곤란해지거나 생활수준이 현저하게 떨어지는 일이 없다. 즉 누진 소득세제가 실시되더라도 다른 계급에 속한 사람들과 생활수준이 역전되는 일은 일어나기 어렵다.

예를 들어 설명해 보자. 고소득자의 연간소득을 1억 엔과 5,000만 엔이라 하고, 보통 사람의 연간소득을 500만 엔이라고 하자. 이때 최고세율이 60퍼센트이고, 보통 소득자의 세율이 10퍼센트라면, 이들의 과세 후 소득은 각각 4,000만 엔(세금은 6,000만 엔)과 2,000만 엔(3,000만 엔) 및 450만 엔(50만 엔)이 된다. 세금을 훨씬 많이 냈는데도 불구하고, 고소득자의 과세 후 소득은 보통 소득자보다 매우 높다. 만일 고소득자의 세율을 40퍼센트로 낮추면, 이들의 과세 후 소득은 각각 6,000만 엔(세금은 4,000만 엔)과 3,000만 엔(2,000만 엔) 및 450만 엔(50만 엔)이 된다.

뒤에 다시 설명하겠지만, 고소득을 올리는 사람들은 높은 세율에 대한 혐오감이 있다. 요즘에는 그것이 받아들여져 최고세율이 인하되고 누진도도 완화됐다. 그러나 여기서 설명하고자 하는 것은 고소득자들은 상당히 높은 최고세율의 세금을 내고 나서도 높은 소득(즉 높은 생활수준)을 유지할 수 있다는 사실이다. 따라서 지불 능력설에는 반대론도 있지만 설득력도 있다고 할 수 있다.

(3) 세수 확보설

누진도가 높은 세제는 정부에서 보면 세수를 확보하는 데 유리하다. 예를 들어 연간소득이 1억 엔인 사람이 1명, 5,000만 엔인 사람이 1명, 500만 엔인 사람이 100명이 있어 소득분배가 상당히 불평등하고 왜곡된 분포를 갖고 있는 나라를 가정해 보자. 최고세율이 60퍼센트이고 보통 소득자의 세율이 10퍼센트라면, 세수는 1억 4,000만 엔(6,000만+3,000만+5,000만)이다. 그런데 만일 고소득자의 세율을 40퍼센트로 낮추게 되면, 세수는 1억 1,000만 엔(4,000만+2,000만+5,000만)으로 줄어든다.

정부가 세수를 확보하거나 세수를 늘리기 위해서는 소수의 고소득자에게 높은 세율을 적용하고, 다수의 보통 사람들에게는 낮은 세율로 과세하면 된다. 만약 높은 세율이 부과되는 사람들의 반대가 없다면, 이 방법은 세수를 확보할 수 있는 확실한 길이다.

소득세 누진도에 관한 논의 둘–부정론

(1) 노동공급과 저축의욕 감소

고소득자에게 높은 소득세율을 부과하면 노동공급이 감소한다고 주장하는 반대론이 강하다. 이들은 노동일수와 노동시간에 대한 효과뿐만 아니라 근로의욕에 있어서도 역효과라고 주장한다. 쉽게 얘기하면 세금을 많이 내야 할 경우에는 일을 하고자 하는 의욕이 약해진다는 것이다.

이런 반대론이 실증적으로 확인되는가에 대해서는 의문이 많다. 높은 세금이 일할 의욕을 낮춘다는 것은 직감에 호소하는 매력이 있기 때문에 많이 이용되는 주장이다. 그러나 실제로 세금이 노동공급에 마이너스 효과를 미치는 현상은 찾아보기 어렵다. 이것은 연구 자료가 풍부한 미국이나 유럽에서 통계분석으로 확인되고 있는 사실이다. 많은 나라에서 세금이 노동공급에 미치는 효과가 적어도 성인남자의 경우에는 거의 존재하지 않는 것으로 나타나고 있다. 특히 미국에서 발표된 연구 결과에 의하면, 소득세제의 변경에 의해 고소득자가 노동시간을 변화시키는 경우는 없는 것으로 나타나고 있다.[2] 즉 세제와 고소득자의 노동공급은 관계가 없는 것이다.

사실 세금이 노동공급에 미치는 영향력보다 더 중요한 것은 저축과 투자에 대한 영향이다. 따라서 고소득자가 저축할 때 이자와 배당에 대한 세율과 소득세율에 따라 다른 선택을 하는지, 혹은 기업경영자가 높은 법인소득세와 개인소득세를 내야 할 때 투자행동을 변경하는지를 알아보아야 할 것이다.

평균적인 일본인을 대상으로 한 조사에 의하면, 세금이 저축률에 미치는 효과는 매우 적은 것으로 보고되고 있다.[3] 고소득자들도 아마 일반인과 거의 변함없는 행동을 보일 것으로 예상된다. 다만 어느 금융상품에 투자할 것인지를 선택할 때에는 세금의 영향을 크게 받는다고 할 수 있다.

(2) 자유속박론

자유로운 경제활동의 결과로 얻은 소득에 정부가 강제로 과세하는 것을 반대하는 철학과 윤리학이 있다. 자유지상주의가 이런 사상의 대표적인 예이다. 이 사상은 19세기의 고전적 자유주의 흐름에서 비롯된 것으로, 자유방임주의를 출발점으로 해 개인의 자유와 선택을 최대한 중요시하는 것이다.

자유지상주의에도 세 가지 종류가 있다.

첫째, 노직(1974)으로 대표되는 자연권리를 옹호하는 입장이다. 이들은 사적 재산권과 소유권에 최대의 가치를 둔다. 따라서 정부가 민간인의 소유권을 침해하는 것을 반대한다. 바꿔 말하면 정부는 야경 국가에 머무르고 그 외의 일은 하지 않는 게 바람직하다고 생각한다.

두 번째는 하이에크(1960)와 프리드먼(1962)으로 대표되는 경제적 지상주의다. 개인의 자유에 최대 가치를 두는 것은 자연권리설적 자유지상주의와 비슷하다. 그런데 경제적 지상주의에서는 그것에 더해 특히 경제적 자유를 강조한다. 이 입장은 시장원리를 중시하고, 효율성 추구를 존중한다. 동시에 정부에 의한 사회정의에 대한 배려는 개인의 인센티브를 저해한다고 주장한다.

함께 노벨 경제학상을 받은 하이에크와 프리드먼의 경제사상은 영향력도 강하고, 지지자도 상당히 많다. 그들은 시장원리를 존중하기 때문에 중앙은행 불필요론과 변동환율제도 등을 비롯해 다양한 분야에서 정부의 역할을 최소화해야 한다는 견해를 밝힌다. 일본에서는 나카소네 전 수상과 고이즈미 전 총리가 제창하고 있는 규제완화와 구조개혁이 그런 사상들과 비슷하다.

세 번째는 부캐넌이 제창한 공공선택학파가 있다.[4] 이 학파는 공공부문이 중심이 돼서 다양한 정책을 펼 때, 정부나 관료는 스스로의 권익을 확장하는 데 부심하기 때문에 비효율적이 될 가능성이 높다고 주장한다. 따라서 경험적 자유지상주의와 같이 정부의 역할은 적은 것이 좋다고 밝히고 있다.

자유지상주의 사상은 정부 역할을 최소규모로 억제해야 한다고 주장하기 때문에 당연히 정부가 민간으로부터 거두는 세금도 최소화시키는 게 이상적이라고 생각한다. 게다가 고소득자에게만 높은 소득세율을 부과하는 것은 그런 사람들의 재산권을 침해하는 것이라고 본다. 자유지상주의 지지자들은 유능한 사람이 노력하여 높은 소득을 올렸는데 많은 세금을 부과하는 것은 이치에 어긋나는 것이라고 판단한다.

한편 자유지상주의에 대항하는 사상으로 자유주의 또는 진보주의(리버럴리즘)라는 사상이 있다. 자유지상주의보다 자유를 존중하는 정도가 다소 낮으며 공정과 정의라는 개념도 중요하다고 생각하는 사상이다. 자유주의에는 크게 네 가지 종류가 있다.

자유주의에 대한 첫 번째 접근 방식은 존 스튜어트 밀(1836)을 대표로 하는 공리주의이다. 이 이론은 피구(1950) 등으로 대표되는 후생경제학의 흐름에 바탕을 두고 있다. 공리주의는 최대다수의 최대행복을 달성하기 위해 사회후생함수라는 개념을 도입해, 그것을 최대화하기 위해 자원의 배분과 이전을 해야 한다고 주장하는 메커니즘이다. 기본적인 사상은 경제학에서 제시하고 있는 파레토 최적자원배분을 존중하지만, 공평성의 측면도 배려해 소득재분배 정책도 용인한다.

자유주의에 대한 두 번째 접근 방식은 롤즈(1972), 센(1973), 도킨(1981) 등으로 대표되는 것이다. 그들의 접근방식은 각자 미묘한 차이가 있지만, 다음과 같은 두 가지 원리를 존중한다는 점은 같다. 그것은 자유와 분배주의에 대한 존중이다.

롤즈는 『정의론』에서 다음과 같은 두 가지 원리를 주장했다. 제1원리는 '자유의 원리'로 모든 사람은 그 무엇으로도 침해될 수 없는 기본적인 자유의 권리를 갖고 있다는 것이다. 이것은 노직이 말하는 자유의 존중과 비슷하다. 따라서 롤즈의 접근방식은 부분적으로 자유지상주의와 공통되는 점이 있다. 제2원리는 '격차원리'로 사회에서 가장 혜택받지 못한 사람의 이익을 최대로 하여 모든 사람에게 공평하게 기회를 준다는 것이다.

롤즈의 제1원리가 자유의 존중이기 때문에 자유주의라는 말을 붙일 수 있다. 하지만 제2원리는 격차의 시정을 주장한 것이어서 보수주의와 대립하는 진보주의라고도 볼 수 있다.

자유주의에 대한 세 번째 접근방식은 개인이 타고난 재능 등에 차이가 있을 경우에 따라 생겨나는 사회적 격차나 경제적 불평등을 해소하도록 정책적으로 제안하는 것이다. 이른바 형식적인 기회의 평등 정책에만 머물지 않고, 재능의 차이를 고려한 실질적인 기회의 평등을 목표로 한다. 이것은 롤즈 등에 의한 두 번째 접근방식을 좀더 적극적으로 전개시킨 것이라고 할 수 있다. 더욱이 개인의 책임으로 선택 가능한 '후생의 기회'를 평등하게 하려는 보장의 원리라고도 할 수 있다.[5]

자유주의에 대한 네 번째 접근방식은 케인즈(1936)와 베웸리지(1942, 1944)가 중심이 되어 주장한 것으로, 경제정책에서 정부의 역할을 중시하고, 정부가 국민의 복지향상에 공헌하기를 기대하는 것이다. 이 접근 방식은 후에 혼합경제론(관민 합동 경제)이나 복지국가론으로 발전해 유럽의 많은 나라에서 지배적인 경제체제의 기본이 되었다. 또 이 사상은 정부가 경제 정책과 복지에 관여하는 정도를 적게 한다는 하이에크와 프리드먼의 생각과 대립되기도 한다.

자유지상주의를 믿는가 아니면, 자유주의를 믿는가에 따라 고소득자에 대한 누진적인 세율구조를 어디까지 인정할 것인가가 달라진다. 자유지상주의 지지자가 많은 나라에서는 소득세의 누진도는 약화될 것이며, 자유주의 지지자가 많으면 누진도는 강해질 것이다.

(3) 유능하고 생산성이 높은 사람은 사회의 보물

고소득자에게 높은 세율을 부과하는 것에 반대하는 논거로서 고소득자들의 높은 사회공헌도를 들 수 있다. 즉, 이들의 사회공헌에 보답하기 위해서도 높은 세금을 징수하면 안 된다는 주장이다. 예를 들어, 빌 게이츠는 마이크로소프트 사를 창업해 IT혁명을 이끌었다. 그의 사회적 공헌은 절대적이다. 게다가 이 회사는 수만 명에 이르는 사람들에게 일자리를 창출했기 때문에 사람들의 경제생활에도 기여하고 있다. 빌 게이츠의 소득액과 자산액은 매우 많지만, 그의 사회에 대한 공헌은 엄청난 것이기 때문에 그것을 누릴 자격이 있다고 할 수 있다.

기업경영자뿐만 아니라 작가, 운동선수, 의사, 예술가처럼 뛰어난 재능으로 성공한 사람들도 사회에 커다란 공헌을 하고 있다. 따라서 그들이 행하는 공헌의 상당부분에 대한 보상을 받아야 할 것이다. 따라서 이들의 소득에 대한 높은 세율은 부당한 것처럼 보일 수도 있다.

이런 사회적 공헌론은 나름대로의 설득력이 있다. 그러나 한편으로는 이들의 지나치게 많은 소득이 보통 사람들의 질투를 불러일으킨다. 또 이들의 높은 소득이 화려한 소비활동으로 이어지면, 자원의 쓸데없는 낭비로 연결되는 경우도 있다. 이것은 소득

분배의 불평등과도 서로 연관되는 것이다.

그런데 최근에는 유능하고 생산성이 높은 사람은 소중한 존재이기 때문에 그들의 소득에 낮은 세율을 적용해야 한다는 견해를 부정하는 접근방식이 출현했다.[6] 그것은 경쟁의 격화와 특히 유능한 사람이 모든 성과물을 독차지하는 세계를 염두에 둔 것이다. 즉 '승자의 독차지(Winner take all)' 모델을 부정하며, 유능한 사람이 모든 것을 갖지 않고 성과물을 다른 사람에게 재분배할 필요성이 있다는 주장이다. 프랑크에 의하면, 높은 소득세의 누진도가 경제효율성과 공평성을 높일 수 있다고 한다.

경제학에서 본 누진 소득세제

경제학의 입장에서도 소득세의 누진성에 대한 관심이 높다. 노벨상을 받은 마리즈(1971)가 처음으로 소득세의 누진성에 관한 경제학적인 엄밀한 분석을 시작했다. 이 분야 연구의 주제는 효율성(즉 경제성장)과 공평성(소득 분배)을 고려한 상태에서 최적의 소득세 누진도를 제창한다는 것이다.

이 분야에서는 사회적 후생함수를 최대로 하는 세제를 만들어

내는 것이 연구의 과제다. 사회적 후생함수란 한 사회를 구성하는 각 개인의 효용함수를 모두 합한 것이다. 개인의 효용함수란 효용(만족)이 소비와 여가라는 설명변수로 이루어진 것으로, 개인은 주어진 소득세제 아래서 효용을 최대로 할 수 있는 노동시간을 결정하게 된다. '소득세를 과중하게 징수하면 장기간 노동하려 하기보다 여가를 선택하게 될 것'이라는 게 마리즈의 주장이다.

노동시간을 길게 하면 소득이 증가한다. 여기서 저축을 무시하면 소득=소비가 되기 때문에 될 수 있는 대로 소비를 증가시키고 싶은 것이 사람들의 희망이다. 하지만 너무 지나치게 일하는 것도 싫기 때문에 여가와 노동을 어떻게 조화시킬 것인가를 계산하게 된다.

개인의 효용함수를 모두 합한 것이 사회적 후생함수인데, 그것을 합하는 방식에도 여러 가지가 있다. 대표적인 두 가지 방식을 살펴보자. 하나는 벤덤 류의 사회적 후생함수로 개인의 효용함수를 단순하게 모두 합한 것이다. 다른 하나는 롤즈 류의 사회적 후생함수로 사회 구성원 가운데 가장 낮은 소득 수준에 있는 사람들의 효용을 가장 중시해서 합산하는 것이다. 전자는 부유층과 빈곤층을 동등하게 평가하지만, 후자는 빈곤층을 보다 중시하는 접근방식이다.

마리즈는 벤덤 류의 사회적 후생함수를 전제로 할 때 최적의 소득세율은 비례세제이며, 세율도 20~30퍼센트로 낮게 잡아야 한다는 것을 증명했다. 벤덤 류의 접근방식을 취할 것인지, 아니면 롤즈 류의 접근방식을 선택할 것인지는 빈부의 격차를 어디까지 인정할 것인지와 관련이 있으며 개인의 가치판단에 의존한다.[7]

한 가지 더 중요한 요인은 소득세가 노동공급을 가로막는 정도를 얼마만큼 고려해야 하는가이다. 만약 그 정도가 크다면 유능한 사람이 근로의욕을 잃어 경제효율에 마이너스가 되기 때문이다. 게다가 최근에 중요한 요인으로 간주되는 것은 개인의 능력 분포에 관한 것이다. 개인마다 능력의 차이가 존재하기 때문에 소득을 올릴 수 있는 능력에도 차이가 있다. 따라서 능력 분포를 어떤 모습으로 상정하는가에 따라 소득 분포의 모습을 알 수 있게 된다.[8]

이상에서 살펴본 것처럼 경제학에서 최적 소득세제에 관한 분석을 정리하면 다음과 같은 세 가지 중요한 요인이 있다. 1) 어떤 사회적 후생함수를 상정할까, 2) 소득세가 노동공급에 미치는 효과는 어느 정도일까, 3) 개인별 능력 분포는 어떤 양상일까 등이다.

다른 세제의 실태: 상속세, 토지 양도소득세, 주식 양도소득세

소득세는 모든 소득이 있는 사람이면 누구나 큰 관심을 가지는 세제이다. 그런데 앞으로 살펴볼 세제들에 대해서는 특히 고소득자들의 관심이 높다. 왜냐하면 일부 사람들, 특히 고소득자들만이 납세할 의무가 있기 때문이다.

(1) 상속세

상속세는 자산이 세대 간에 이전할 때 과세되는 세금이다. 실물자산, 금융자산을 불문하고 사망한 자가 보유했던 자산을 배우자와 자녀가 물려받을 때는 상속세를 내야 한다. 유산 상속세는 세금 가운데서도 가장 말이 많은 세금이다.

일본의 상속세제 변화에 대한 재무성 자료를 살펴보면, 1988년 이전에는 5억 엔의 상속액에 대한 최고세율이 75퍼센트나 됐으며, 그 이하의 상속액에 대한 세율도 50~70퍼센트에 이를 정도로 매우 높았다. 뒤이어 2003년까지는 20억 엔의 상속액에 대해 70퍼센트가 과세되었으며, 그 이하의 상속액에 대한 세율은 상당히 낮아졌다. 예를 들어, 상속액이 5,000만 엔인 사람은 45

퍼센트에서 30퍼센트로 낮아졌다.

현행의 세제에서는 상속액 3억 엔 이하에 대한 세율은 50퍼센트로 낮아졌다. 이것은 20억 엔에 이르는 높은 상속액에 대한 세율이 상당히 낮아졌다는 것을 의미한다. 그러나 1,000만 엔에서 1억 엔에 이르는 상속액에 대한 세율은 거의 비슷하거나 조금 낮아졌다고 할 수 있다.

결과적으로, 최근 20년에 걸쳐 일본의 상속세율은 낮아졌다고 할 수 있다. 특히 아주 많은 상속을 받는 사람들에 대한 세율이 크게 낮아진 것이 특징이다. 이것은 앞에서 살펴본 소득세율의 저하와 똑같은 현상이다. 일본의 세제정책은 많은 세금을 냈던 사람들에 대해 소득세와 상속세 부담을 덜어주는 방향으로 변해 왔다. 소득세율의 경우와 마찬가지로 상속세에서도 가진 사람들의 세금을 줄여준다는 정신이 나타나고 있다.

그런데 상속세에는 소득세와 다른 요소가 있다. 첫째, 아주 많은 상속을 받는 사람이 그다지 많지 않다는 점이다. 극소수의 사람들이 거액의 상속세를 내고 있을 뿐이다.

소득세의 성격을 설명할 때에 세수확보설에서 살펴본 대로 상속세도 거의 대부분의 납세액을 소수의 사람들이 부담하고 있다. 세수를 확보하기 위한 목적으로 볼 때 아주 좋은 세제라고 할 수 있다. 그러나 높은 상속세를 내야 하는 자산보유자로부터의 저항이 크다는 것을 고려해야 한다. 특히 광대한 토지를 갖고 있거나 기업을 일으켜 거액의 주식을 갖고 있는 자산가가 자녀에게 재산을 물려주려 할 때 거액의 상속세를 내야 하는 경우가 있다. 경제활동의 자유를 주장하는 사람들은 이것이 자유권의 침해라고 본다. 혹은 가족의 애정을 짓밟는다며 반대하기도 한다.

하지만 엄청난 금액의 유산을 상속받는 것은 본인이 노력한 성과가 아니기 때문에 공평성의 견지에서 볼 때 바람직하지 못하다는 주장도 당연히 있을 수 있다. 필자들도 이런 의견에 찬성하지만, 상속세율 인하론이 사람들의 지지를 받는 것은 다음과 같은 사정이 있기 때문이다.

예를 들어 작은 주택용지를 갖고 있는 평범한 일반인과 작은 토지를 보유하고 있는 농민, 작은 공장 경영자 등은 될 수 있는 대로 상속세를 내지 않았으면 하는 바람을 갖고 있다. 자신들의 상속분에 낮은 세율이 적용되기를 바라는 이 사람들은 자기의 이익을 지키기 위해 거액 자산가에 대해서도 많은 상속세를 내라고 불평하지 않는 것이다. 바꿔 말하면 많은 유산액에 대해 높은 세율을 요구하면 그만큼 자신들의 자산에 대해서도 높은 세율을 적용할지 모른다고 우려하고 있는 것이다.

마지막으로 일본의 유산상속세 세율을 다른 나라와 비교해 보자. 이것은 〈그림 2〉에 나타나 있다. 일본은 초고액 유산상속자의 세율이 가장 높았지만, 지금은 영국과 비슷한 수준으로 널어졌다. 하지만 독일과 프랑스보다는 아직도 높다.

이 그림에서 흥미를 끄는 것은 과세최저한 상속액과 과세율의 상승 각도가 나라에 따라 다르다는 것이다. 예를 들어 3억 엔의 상속 재산에 대해 미국에서는 세금을 안 내지만, 독일은 2.54퍼센트, 일본은 6.67퍼센트, 프랑스 8.56퍼센트, 영국 13.57퍼센트의 세율이 적용된다.

영국은 3억 엔에 대한 세율이 상당히 높지만, 상속액이 그 이상으로 증가해도 세율은 누진적으로 높아지지 않는다. 반면 미국에서는 3억 엔에 대해 상속세가 면제되지만, 그 이상으로 증가하면 세율이 누진적으로 증가한다. 일본은 이런 양극단이 중간에 있다고 할 수 있다.

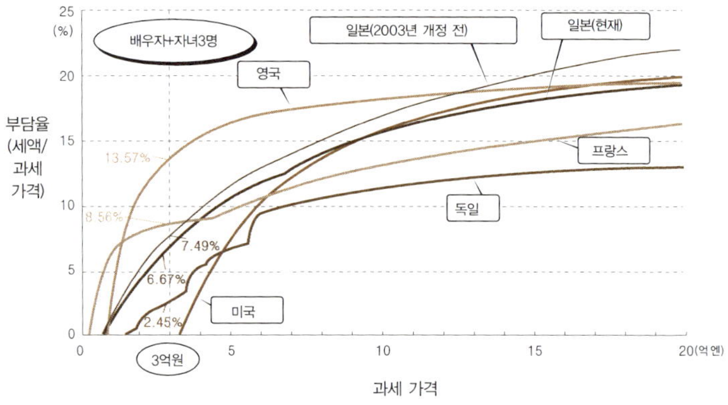

* 배우자가 유산의 절반, 자녀가 나머지 유산을 균등하게 상속했을 경우다.
** 환율은 1달러=115엔, 1파운드=189엔, 1유로=132엔(2003년 6월부터 11월까지 환율의 평균치)
*** 자료: 재무성 세제 홈페이지. http://www.mof.go.jp/jouhou/syuzei/syuzei.htm

(2) 토지 양도소득세

토지 양도소득에 대한 과세는 세제 제도가 수시로 바뀌기 때문에 다루기가 까다롭다. 따라서 이 책에서는 토지 양도소득세에 대해 자세하게 다루지 않겠다. 특히 1980년대 후반 일본은 거품경제를 경험했기 때문에 토지세제 그 자체가 커다란 역할을 한 적이 있다.

게다가 '부동산 투기 방지'의 일환으로, 토지의 장기보유와 단기보유를 구별함으로써 세율에 차이를 두고 있다. 구체적으로는 토지의 보유 기간을 5년 이내, 5년 초과 10년까지, 10년 초과의 3개로 구별해 세율을 정해 놓고 있다.

예를 들어 5년 이내의 단기보유는 ① 양도차익의 40퍼센트 세율, 또는 ② 종합과세에 의한 누적세액 110퍼센트 중에서 많은 것의 세액에 의한 분리과세가 이뤄진다. ②는 매우 까다로운 시제이기 때문에 여기서는 자세히 설명하지 않겠지만, 양도차익의 40퍼센트 세율은 받아들일 정도의 수준이다. 5년에서 10년의 장기보유는 100만 엔을 공제한 양도차익에 20퍼센트로 분리과세한다. 다만 우량주택지에 관해서는 특별조치가 만들어져 세율은 조금 낮게 적용된다.

여기서 알 수 있는 것은 단기와 장기의 토지보유 기간에 의한 세율에는 40퍼센트와 20퍼센트라는 격차가 있다는 사실이다. 여기에는 토지 매매를 통해 큰 이익을 남기려는 사람에 대해 높은 세율을 부과하려는 의도가 깔려 있다. 하지만 이렇게 무거운 세부담이 토지공급을 서해할 우려가 있다는 것은 부정할 수 없다.

(3) 주식 양도소득세

주식 양도소득세는 주식 매매에 의해 생겨나는 이익에 대한 과세이며, 다른 말로는 자본이득과세라고도 한다. 주식 매매에는 주가의 변동에 따라 손익이 발생하는데, 이때 발생한 이익에 대해 과세하는 것이다. 그런데 손실이 발생했을 때 다음 연도의 세금에서 공제해 주는 제도를 시행하는 나라도 있다. 따라서 일률적으로 손실에 대해 비과세하는 것만은 아니다.

주식 양도소득세에 관한 또 한 가지 논점은 종합과세인가 아니면 분리과세인가 하는 것이다. 종합과세란 자본이득을 포함해 모든 종류의 소득을 합계해서 총소득을 산출한 뒤, 그에 대해 소득세율을 적용해 납세액을 결정하는 것이다. 일반적으로 자본이득이 있는 사람의 총소득은 많아지는 경향이 있고, 소득세제는 누진세제를 취하고 있기 때문에 소득세 부담액도 늘어난다.

반면, 분리과세란 자본이득만을 분리해서 독립적으로 일정한 세율을 적용해 세액을 산출하는 것이다. 이것은 자본이득이 많은 고소득자에게 유리하다.

〈표 1〉은 세계 선진제국의 과세상황을 나타내고 있다. 이 표에 따르면 자본이득에 대한 과세상황은 나라에 따라 가지각색이다. 과세방식에 대해서도 일본과 프랑스는 신고 분리과세이고, 영국과 미국은 종합과세다. 독일은 투기매매에는 종합과세이지만, 원칙은 비과세다. 양도손실의 이월과 손익을 합산하는 방식에 관해서도 나라에 따라 다르다. 주식시장을 통한 자본조달의 방법을 어떻게 생각하는가에 따라 각국의 대응도 달라지는 것이다.

〈표 1〉 자본이득 과세의 국제비교

	일본	미국	영국	독일	프랑스
과세방식	신고분리(신고불필요*1)	종합과세	종합과세	일정한 것을 제외하곤 비과세(투기매매는 종합과세)	신고분리
세율	(상장주식)15%+지방세(5%*2) (15~19년)7%+지방세(3%*3)	10~38.6% (12개월 초과보유는 10%, 20%+지방세*4)	10, 20, 40%	20.0~48.5% + 연대부가세 (세액의 5.5%)	26%
비과세한도 등	(상장주식)긴급투자우대조치	없음	토지 등의 양도차익과 합해 7700파운드가 비과세	다른 투기매매 소득과 합해 512유로가 면세(초과는 전액 과세)	연간 15,000유로는 면세(초과하면 전액 과세)

* 1) 원천징수 계좌에서 이뤄지는 상장주식 등의 양도에 의한 소득을 대상으로 한다.
  2) 비상장주식의 경우, 20%+지방세(6%)
  3) 10퍼센트(국세 7%, 지방세 3%)의 우대세율은 2003년 1월 1일부터 2007년 12월 31일까지 기간 동안에 이루어지는 상장주식 등의 양도에 대해 적용된다.
  4) 미국 뉴욕시의 경우 합계 28퍼센트 정도(12개월 초과 보유의 경우)
** 환율은 1달러=121엔, 1파운드=186엔, 1유로=119엔.
*** 자료: 재무성 세제 홈페이지. http://www.mof.go.jp/jouhou/syuzei/syuzei.htm

일본에서는 주식매매를 활발히 하기 위해 될 수 있는 한 세 부담을 가볍게 해주는 정책을 실시하고 있다. 주식보유로 발생하는 배당소득에 대해서도 동일하게 분리과세가 적용되고 있는 것도 주식시장의 활성화를 위한 것이다. 그래도 국민들은 안전성이 높은 은행예금과 우체국예금 같은 것을 더 선호하고 있으며, 주식과 채권처럼 위험한 자산에 대한 투자는 꺼린다. 따라서 세제우대정책으로 주식투자를 증가시키려는 정책은 그다지 큰 효과를 보지 못하고 있다. 일본 국민 중 90퍼센트 정도가 주식투자와 관계없는 세계에서 살고 있다. 극소수의 사람만이 주식투자를 하고 있는데, 바로 이 사람들 대부분이 고소득자이거나 고자산 보유자다.

보통 사람은 주식에 관한 세제우대정책의 혜택을 받지 못하고, 고소득자나 고자산보유자가 그것을 누리고 있는 것이다. 이런 사실의 해석에는 찬반 양론이 있을 것이다. 찬성론으로서는 일본의 주식보유는 자본시장을 지배하는 고소득계급에 의해 이루어지고 있으므로, 만약 우대정책이 없다면 자본시장 자체가 혼란에 빠질 것이라는 주장이다.

반면, 반대론은 주식에 관한 우대정책이 부자들을 위한 정책이므로 문제가 있다는 의견이다. 이는 주식투자를 할 수 있는 길이 누구에게나 열려 있어도, 가난한 사람은 돈이 없기 때문에 주식투자를 할 수 없다는 현실에 주목하고 있는 것이다.

이런 찬반 양론의 딜레마를 제외하고서라도 10퍼센트라는 낮은 자본이득세는 국제적으로 봐도 너무 낮기 때문에 3년 동안의

잠정조치를 연장할 필요성은 없다. 또 보통 사람들도 주식투자에 관심을 가질 수 있도록 자본시장을 개혁할 필요가 있다. 이것은 증권회사의 수입이 고소득자들의 빈번한 주식 대량매매에 따른 수수료 수입에 의존하고 있는 문제와도 관계가 있다. 보통 사람이 소량의 주식거래를 할 수 있게 되면 증권회사의 체질도 변화할 것이다. 이와 함께 국민들이 주식투자에 적극적으로 나서도록 학교에서부터 교육을 시킬 필요가 있다.

고소득자는 세제를 어떻게 평가하고 있나

일본의 고소득자는 일본의 세제를 어떻게 보고 있을까. 이에 대해 앙케이트 조사에서 흥미 있는 몇 가지 사실이 나타났다. 〈표 2〉는 증세안에 대해 반대하는 의견을 세금 종류별로 나타낸 것이다. 증세의 종류로서는 (1) 소득세의 누진도 강화, (2) 법인세, (3) 상속세, (4) 증여세, (5) 고정자산세, (6) 주식양도세, (7) 기타 등이 제시되어 있다.

<표 2> 고소득자가 각각의 세제에 반대하는 정도 (단위: %)

직업	표본	반대하는 증세 내용						
		응답1	응답2	응답3	응답4	응답5	응답6	응답7
상장기업경영자	51	41	14	20	0	2	2	22
비상장기업경영자	177	38	15	18	3	7	4	15
의사	130	75	2	8	3	2	1	8
기타	107	50	6	14	1	11	7	11
전체	465	52	9	15	2	6	3	13

* 자료: 다치바나키 · 모리, 『고액 납세자 조사』
** 응답1: 소득세의 누진도 강화 / 응답2: 법인세 증세 / 응답3: 상속세 증세 /
응답4: 증여세 증세 / 응답5: 고정자산세 증세 / 응답6: 주식양도차익세 증세 /
응답7: 기타

이 표에 따르면 가장 많은 사람들(52%)이 소득세의 누진도 강화에 반대하는 것으로 나타났다. 직업별로는 의사가 75퍼센트로 가장 반대가 심했다. 다음으로 강하게 반대하는 것은 상속세 증가였다. 상속세에 대해서는 상장기업과 비상장기업의 경영자가 거의 비슷하게 높은 비율로 반대하고 있다.

고소득자의 대부분이 소득세의 누진도 강화, 즉 자신들의 소득세율이 높아지는 것에 반대하는 것은 그다지 이상한 일이 아니다. 고소득자뿐만이 아니라 보통 사람들도 될 수 있는 한 자신들의 세금 납세액이 낮은 편이 좋다고 여기기 때문이다.

우리가 여기에서 흥미를 가져야 하는 것은 고소득자가 자신들의 지불능력이 높다는 것을 인정하고, 그 가운데 얼마만큼을 사회에 제공할 용의가 있는가 하는 점이다. 더욱이 고소득자가 많은 세금을 내야 할 때 그들의 노동공급과 근로의욕 빛 서축성향이 얼마나 감소하는가도 중요한 논점이다.

상속세도 논쟁의 씨앗이다. 대부분의 기업경영자와 대토지 소유자는 자신의 경영권과 자사의 주식 혹은 토지와 같은 실물자산을 자녀와 친족에게 양도하고 싶어한다. 따라서 그들이 낮은 상속세를 기대하는 것도 그다지 이상한 일이 아니다.

그러나 기회의 평등성이라는 관점에서 보면[9] 상속세율은 높을수록 바람직하다. 왜냐하면 부모의 자산을 자녀가 많이 상속받으면, 그 자녀는 처음 시작할 때부터 유리하게 되기 때문이다. 그래서인지 상속세율이 100퍼센트에 가까워야 한다고 주장하는 극단적인 의견도 있다. 결국, 최직 상속세율은 고액 자산보유자의 낮은 상속세율에 대한 희망, 또 그와 상반되는 기회 평등의 중요성, 이 두 가지가 조화를 이루면서 결정되게 된다.

마지막으로 고소득자는 소비세율을 높이는 데는 그다지 반대하지 않는다는 것을 강조하고자 한다. 〈표 3〉은 고소득자가 소비세의 증세안을 어떻게 평가하고 있는가를 나타낸 것이다. 소비세의 증세에 찬성한 비율은 46퍼센트로 반대의견(20%)보다 2배 이상 높다. 특히 상장기업경영자의 65퍼센트가 찬성했다는 것이 눈에 띈다. 이들의 찬성률은 일반 국민의 찬성률보다 높아 소비세를 높이는 것을 용인하고 있는 것으로 보인다.

〈표 3〉 고소득자가 용인하는 세제는 무엇인가

직업	표본	찬성	목적세는 찬성	약간 반대	반대	무엇이든 찬성
상장기업경영자	52	33	9	5	3	1
비율 (%)		65	18	10	6	2
비상장기업경영자	177	81	42	20	21	13
비율 (%)		46	24	11	12	7
의사	130	58	46	12	10	4
비율 (%)		45	35	9	8	3
기타	107	44	32	16	10	5
비율 (%)		41	30	15	9	5
전체	465	216	129	53	44	23
비율 (%)		46	28	11	9	5

* 자료: 다치바나키 · 모리 『고액 납세자 조사』

나아가 고소득자들은 소비세율을 11퍼센트 이상 인상하는 것에 대해서도 22퍼센트나 찬성했다. 이것을 합하면 고소득자의 66퍼센트가 10퍼센트 이상의 소비세율을 용인하고 있는 것이다. 고소득자가 이렇게까지 소비세 인상에 너그러운 것은 다음과 같은 두 가지 이유 때문이라고 생각된다.

첫째, 소비세에는 역진성이 있기 때문에 고소득자에게 유리한 세제이다. 둘째, 고령화 시대를 맞이하여 연금·의료 등과 같은 사회보장제도의 재원 조달방법으로 소비세를 높이는 것이 유효하다는 지지가 고소득자들 사이에는 강하기 때문이다.

다치바나키(2002)는 위의 관점을 고려하여 사회보장급부의 재원으로 누진소비세를 제창하고 있다. 이번 우리들의 『고액 납세자 조사』에서는 누진소비세는 불문에 붙였기 때문에 고소득자는 어디까지나 비례소비세만을 염두에 두었다. 누진소비세라면 고소득자도 거부반응을 보였을 가능성이 크다. 하지만 그것과 별도로 대부분의 고소득자들은 사회보장급부의 재원으로서 소비세의 역할[10]을 중시하고 있다.

미주

1 프리드먼(1962)이 대표적이다.

2 모피트 윌리엄(2000)에 의한 주도면밀한 분석을 참조.

3 다치바나키(1996)를 참조.

4 부캐넌 · 타록(1992) 등을 참조.

5 대표적인 것으로 아니손(1998) 등을 거론할 수 있다.

6 이것은 프랭크(2000)에 의해 주장된 것이다

7 애트킨슨(1973)과 스턴(1967)처럼 롤즈의 접근방식을 채택하여 비례세제가 아니라 누진세
제가 바람직하다고 주장하는 연구도 있다.

8 이것은 다이아몬드(1998)에 의해 상세하게 검토되고 있다.

9 다치바나키(2004)에서 이 점을 지적하고 있다.

10 왜 소비세가 바람직한가에 대해서는 다치바나키(2000, 2002)에 자세하게 설명되어 있다.

참고문헌(參考文獻)

今田高俊・原純輔 (1979), 「社會的地位の一貫性と非一貫性」, 富永健一編, 『日本の階層構造』, 東京大學出版會, pp. 161-167.

宇田川勝 (1991), 「日立制作所におけるオーナーーと專門經營者」, 森川英正編, 『經營者企業の時代』, 有斐閣, 第2章, pp. 25-50.

大橋勇雄 (1995), 「會社のなかの學歷社會」, 橘木俊詔・聯合總嘛編, 〈昇進の經濟學〉, 東洋經濟新報社, 第8章, pp. 181-204.

大橋降憲編 (1971), 『日本の階層構成』, 岩波書店.

霞會館編 (1985), 『華族制度資料集』, 霞會館.

苅谷剛偃 (2001), 『階層化日本と敎育危機』, 有信堂高文社.

國稅廳, 『全國高額納稅者名簿』, (1984年度版, 2001年度版).

佐藤俊樹 (2000), 『不平等司社會日本』, 中央公論新社.

鳥田昌和 (1998), 「産業の創出者・出資者・經營者」, 伊丹敬之・加護野忠男・宮本又郎・米倉誠一郎編, 『企業家의 群像 時代息吹』, 有斐閣, 第1章, pp. 2-31.

總務省, 「全國消費實態調査」, (1999年度版).

竹內洋 (1995) 「日本のメリトクラシ」東京大學出版會.

橘木俊詔 (1995) 『昇進のしくみ』日本經濟新聞社.

—— (1998), 『日本經濟格差』, 岩波書店.

—— (2000), 『セーフティ・ネットの經濟學』, 日本經濟新聞社.

—— (2002), 『安心の經濟學』, 岩波書店.

—— 編 (2004), 『封印される不平等』, 東洋經濟新報社.

—— ・下野惠子 (1994), 『個人貯蓄とライフサイクル』, 日本經濟學新聞社.

—— 森剛志, 「經濟統計が示す日本の階級社會化」, 「エコノミスト」, 二〇〇三年二月一八日호, pp. 69-71.

富永健一編 (1979), 『日本階層構造』, 東京大學出版會.

富永健一 (1992), 「戰後日本社會階層とその變動, 1955-1985」, 東京大學社會科學究究所編, 『現代日本社會 6 問題の諸相』, 東京大學出版會.

內閣府,「自由時間と觀光に關する世論調査」, (2003年度版).

中村牧子 (2000),「新中間層の誕生」, 原純輔編,「近代化と社會階層」, 日本の階級システム第1券, 東京大學出版會, 第2章, pp. 47-64.

日本辯護士聯合會,「辯護士失勢調査」, (2000년).

野田知彦 (1995),「社會社役員の昇進と報酬決定」, 橘木俊詔・聯合總嘰編,「昇進の經濟學」, 東洋經濟新報社, 第2章, pp. 39-60.

間宏 (1981),「日本の使用者團體と勞使關係 - 社會史的嘰究」, 日本勞動協會.

橋本健二 (2000),「階級社會日本」, 靑木書店.

原純輔・盛山和夫 (1999),「社會階層 - 豊かさの中の不平等」, 東京大學出版會.

―― (2000),「近代産業社會日本の階級システム」, 原純輔編,「近代化と社會階層」, 日本の階級システム 第1券, 東京大學出版會, 第1章, pp. 3-43.

萬成博 (1965),「ビジネス・エリト- 日本における經營者の條件」, 中公新書.

村上泰亮 (1984),「新中間大衆の時代」, 中央公論社.

森川英正 (1980),「財閥の經營史的嘰究」, 東洋經濟新報社.

―― (1981),「日本經營史」, 日本經濟新聞社.

―― (1991),「なぜ經營者企業が發展するのか」, 森川英正編,「經營者企業の時代」, 有斐閣, 第1章, pp. 1-24.

―― 編 (1991),「經營者企業の時代」, 有斐閣.

八木祥夫 (1991),「三井銀行における經營者企業への歩み」, 森川英正編,「經營者企業の時代」, 有斐閣, 第4章, pp. 75-100.

リブラ, T. S. (2000),「近代日本の上流階級」, 世界思想社.

渡邊雅男 (2004),「階級: 社會認識の概念裝置」, 彩流社.

Arcidiacono, P. and Nicholson (2000) "Peer Effects, Learning, and Physician Specialty Choice," Econometric Society World Congress 2000 in January.

Arneson, R. J. (1989) "Equality and Equal Opportunity for Welfare," *Philosophical Studies*, vol. 56, pp 77-93.

Atkinson, A. B. (1973) "How progressive Should Income Tax Be?" in M. Parkin and A. R. Nobay (eds.), *Essays in Modern Economics*, London: Longman, pp. 90-109.

Atoda, N. and T. Tachibanaki (2001) "Optimal Nonlinear Income Taxation and Heterogeneous Preferences," *The Japanese Economic Review*, vol. 52, pp. 198−207.

Bakshi, G. and Z. Chen (1996) "The Spirit of Capitalism and Stock Market Prices," *American Economic Review*, 86(1), 133−157.

Barro, R. J. (1974) "Are Government Bonds Net Worth?" *Journal of Political Economy*, 82, 1095−1117.

Berle, A. A. and G. C. Means (1932) *The Modern Corporation and Private Property* (北島忠男譯, 『近代株式會社と私有財産』, 文雅堂書店, 1958).

Beveridge, W. (1942) *Social Insurance and Allied Services*, HMSO: Macmillan.

―――― (1944) *Full Employment in a Fredd Society*, London: George Allen and Unwin.

Bosworth, B., G. Burtless and J. Sabelhaus (1991) "The Decline in Saving: Evidence from Household Survery," *Brooking Papers on Economic Activity*, vol. 1, pp. 183−241.

Buchanan, J. M. and G. Tullock (1962) *The Calculus of Consent*, Ann Arber: University of Michigan Press (宇田川璋仁監譯, 『公共選澤の理論』, 東洋經濟新聞社, 1979).

Carroll, C. D. (2000) "Why Do the Rich Save So Much?" in J. B. Slemrod (ed.) *Does Atlas Shrug?* Cambridge: Harvard University Press, chapter 14, pp. 465−484. (*NBER Working Paper* No. w6549, Issued in May 1998).

Diamond, P. (1998) "Optimal Income Taxation: An Example with with a U-shaped Pattern of Optimal Marginal Tax Rates, "*American Economic Review*, vol. 88, pp. 83−95.

Dynan, K. E., J. Skinner and S. P. Zeldes (2003) "Do the Rich Save More?" *Journal of Political Economy*, August. (*NBER Working Paper* No. w7906, Issued in September 2000).

Dworkin, R. (1981) "What is Equality? Part 1: Equality of Welfare, Part 2: Equality of Resources," *Philosophy and Public Affairs*, vol. 10, pp. 185−246 and pp. 283−345.

Forbes [日本版] (2003) January.

Forbes Global (2002) September 30.

Frank, R. H. (2000) "Progressive Taxation and the Incentive Problem," in J. B. Slemrod (ed.) *Does Atlas Shrug?* Cambridge: Harvard University Press, chapter 15, pp. 490−507.

Friedman, M. (1962) *Capitalism and Freedom*, Chicago: University of Chicago Press (態谷尙夫譯, 『資本主義と自由』, ダイヤモソド社, 1963).

Hayek, F. A. (1960) *The Constitution of Liberty*, London and Chicago: Routledge and Kegan Paul, University of Chicargo Press (氣賀健三・古賀勝次郎譯, 『自由の條件』, 春秋社, 1986・1987).

Hubbard, T. G., J. Skinner and S. P. Zeldes (1994) "The Importance of Precautionary Motives for Explaining Individuals and Aggregate Saving," in *The Carnegie-Rochester Conference Series on Public Policy*, vol. 40, pp. 59-126.

Huggett, M. and G. Ventura (2000) "Understanding Why High Income Households Save More than Low Income Households," *Journal of Momentary Ecocomis*, 45, pp. 361-397.

Keynes, J. M. (1936) *The General Theory of Employment, Interest and Money*, London: Macmillan. (鹽野谷祐一譯, 『雇用・利子および貨幣の一般理論』, 東洋經濟新聞社, 1983).

Kuznets, S. (1953) "Shares of Upper Income Groups in Income and Saving," National Bureau of Economic Research, New York, NY.

Mill, J. s. (1863) *Utilitarianism*, London: Parker, San and Bown.

Mirrless, J. A. (1971) "An Exploration in Theory of Optimum Taxation," *Review of Economic Studies*, vol. 38, pp. 175-208.

Moffitt, R. A. AND M. O. Wilhelm (2000) "Taxation and Laber Supply Decision of the Affluent," in J. B. Slemrod (ed.) *Does Atlas Shrug?* Harvard University Press, pp. 193-234.

Nicholson, S. and N. S. Souleles (2002) "Physician Income Prediciton Errors: Sources and Implications for Behavior," *NBER Working Paper* No. w8907, Issued in April.

Nozick, R. (1974) *Anarchy, State and Utopia*, Oxford: Basic Blackwell (嶋津格譯 『アナーキー・・國家・ユー-トピア』上・下, 本鐸社, 1985・1986).

Parkin, F. (1978) "Socoal Stratification," in T. Bottomore and Nisbet (eds.) *History of Sociological Analysis*, Basic Books. (橋本滿譯, 『社會階級論』, アカデミア出版會, 1989).

Peterson, R. R. (1996) "A Re-evaluation of the Economic Consequences of Divorce," *American Sociologocal Review*, vol. 61, pp. 528-536.

Pigou, A. C. (1950) *The Economics of Welfare* 4th edition, London: Macmillan Press (氣賀健三譯, 『厚生經濟學』, 東洋經濟, 1953-1955).

Poterba, J. M. (1987) "How Burdensome Are Capital Gains Taxes?" *Journal of Public Economics*, vol. 33, pp. 157–172.

Rawls, J. (1971) *Theory of Justice*, Cambridge: Harvard University Press (矢島鈞監譯, 『正義論』, 紀伊國屋書店, 1979).

Sen, A. K. (1973) *On Economic Inequality*, London: Oxford University Press (杉山武彦譯, 『不平等の經濟學』, 日本經濟新聞社, 1977).

Stern, N. (1976) "On the Specification of Models of Optimum Income Taxation," *Journal of Public Economics*, vol. 6, pp. 123–162.

Tachibanaki, T. (1996) *Public Policies and the Japanese Economy*, London: Macmillan Press.

—— and K. Shimono (1991) "Wealth Accumulation Process By income Class," *Journal of Japanese and Internationl Economics*, vol. 1, pp. 239–260.

Weber, M. m. (1958) *The protestant Ethic and the spirit of Capitalism*, Charles Scribner and Sons, New york, (大塚久雄譯, 『プロテスタンティズムの理論と資本主義の精神』, 岩波文庫, 1990).

Wilmoth, J. and G. Kosmo (2002) "Does Marital History Matter? Marital Status and Wealth Outcomes Among Preretirement Adults," *Journal of Marriage and the Family*, vol. 64, No. 1, pp. 254–268.

Zou, H. F. (1994) "The 'Spitit of Capitalism' and Long–Run Growth," *European Journal of Political Economy*, 10(2), pp. 279–293.